JN022973

かぎ針で編む
モロッカンデザインの
モチーフアイデアBOOK

ザ・ハレーションズ 編

日本文芸社

CONTENTS

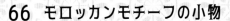

message

この本は、モロッカンタイルやモロッカンラグなどの
" モロッカンデザイン " からインスピレーションを得ています。
モロッカンデザインと言っても、
青を基調としたエキゾチックなイスラム文化のデザインもあれば、
土っぽい民族的な色調もあり、さらにはフランスのポップさも。
それらの要素をミックスして、
モロッカンならではのランタン模様、アラベスク模様、
ひし形の格子模様が特徴的なトレリス模様や、ダマスク柄など、
ユニークなモチーフデザインを提案しています。
モロッカンモチーフは、タイルに代表されるように
" つなぐ " ことで生まれる模様や、強調してつなぐことで
モチーフの形を際立たせるおもしろさがあります。
配色は一例です。１色でも多色でも、お好みで。
自由な発想でモチーフつなぎを楽しみましょう。

ザ・ハレーションズ

本書の使い方 モロッカンデザインのモチーフページは、ABC 3つの要素で構成。編み図が大きいものやつなぎ方の説明があるものは P.112〜で紹介しています。

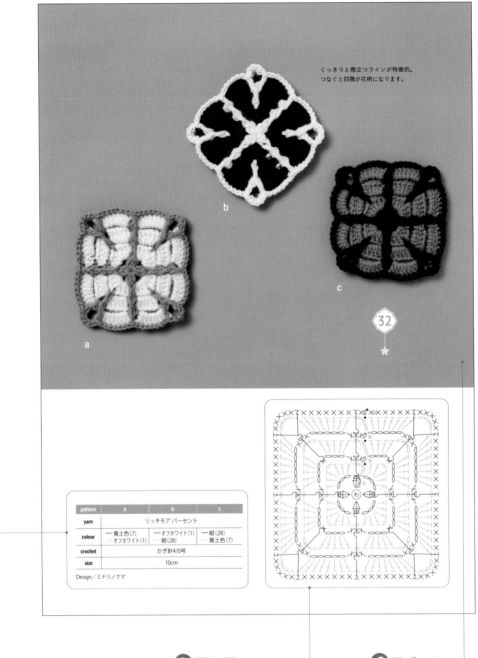

くっきりと際立つラインが特徴的。
つなぐと四隅が花柄になります。

b

a

c

㉚
☆

pattern	a	b	c
yarn	リッチモア パーセント		
colour	─黄土色(7) ─オフホワイト(1)	─オフホワイト(1) ─紺(28)	─紺(28) ─黄土色(7)
crochet	かぎ針4/0号		
size	10cm		

Design／ミドリノクマ

Ⓐ モチーフチャート

使用糸、糸の色番号、かぎ針のサイズ、モチーフ1枚のサイズを表記。
糸を変えているモチーフは、編み図の色（黒、ピンク、水色など）もしくは段数（①②③など）で示しています。

Ⓑ 編み図

モチーフの編み図。チャートや編み図がないものは、P.112〜のモチーフのつなぎ方ページに記載しています。
図内の記号は
◀ 糸を切る　◁ 糸をつける
「チェーンつなぎ」は編み終わりを示します。数字は段数。

Ⓒ モチーフ

掲載のモチーフは、待ち針で四隅を留めてスチームアイロンをかけています。モチーフをつなげる前にかけておくと、目が合わせやすく、スムーズにつなぐことができます。

＊本書の作品はハマナカ手芸手あみ糸、リッチモア手あみ糸を使用しています。　＊糸の表示内容は2022年11月のものです。
＊印刷物のため、モチーフ及び作品の色が現物と異なる場合があります。ご了承ください。

モロッカンデザインの
モチーフ

"モロッカンデザイン"から
イメージするランタン模様や八角形の
アラベスク模様など
オリエンタルでエキゾチックな
モチーフを集めました。

pattern	a	b	c
yarn	ハマナカ アメリーエフ《合太》		
colour	ピンク（505）	紫（511）	青緑（515）
crochet	かぎ針4/0号		
size	6cm		

Design／ミドリノクマ

つなぎ方▶P.112

01

a

b

c

小さめのひし形モチーフ。引き抜
き編みで編みながらつなぎます。

pattern	a	b	c	d
yarn	リッチモア パーセント			
colour	薄ベージュ (123)	エメラルド (35)	ピンク (72)	こげ茶 (89)
crochet	かぎ針5/0号			
size	9×8cm			

Design／ミドリノクマ

P.70 のタペストリーのモチーフ。つなぐ時は、最終段の4辺で引き抜きながら編みつなぎましょう。

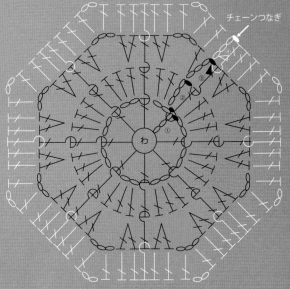

pattern	a	b	c
yarn	ハマナカ アメリー		
colour	— アイスブルー（10） — グリーン（14）	— ライラック（42） — ミントブルー（45）	— オレンジ（4） — プラムレッド（32）
crochet	かぎ針5/0号		
size	9cm		

Design／Riko リボン

長編みの表引き上げ編みで8本
の筋模様が現れます。

pattern	a	b
yarn	ハマナカ アプリコ	
colour	─黄(17) ─緑(15)	─緑(15) ─紺(26)
crochet	かぎ針4/0号	
size	6.5cm	

Design／Riko リボン

チェーンつなぎ

つなぎ方▶P.112

b

a

04

モチーフの裏面でつなぐと
きれいに仕上がります。

yarn	ハマナカ アメリー
colour	― インクブルー（16） ― 白（51） ― オレンジ（55）
crochet	かぎ針5/0号
size	10cm角

Design／小鳥山いん子

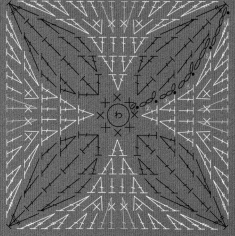

つなぎ方▶細編みはぎ（内側半目/中表）

配色で遊べるモチーフ。2つの
模様を楽しみましょう。

ユニークなデザインは、つなぎ方
次第で雰囲気が変わります。

yarn	ハマナカ アメリー
colour	①④⑤⑥⑨⑩⑪紺(53) ②⑦ピンク(7) ③⑧ダークレッド(6)
crochet	かぎ針5/0号
size	8cm角

Design／小鳥山いん子

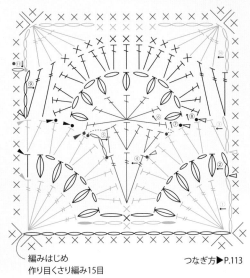

編みはじめ
作り目くさり編み15目

つなぎ方▶P.113

⟵ 矢印の方向に編む

motif	07				08
pattern	a	b	c	d	e
yarn	リッチモア パーセント				
colour	オフホワイト(1)	水色(39)	オレンジ(86)	ミントグリーン(23)	紺(47)
crochet	かぎ針5/0号				
size	07：9.5cm角、08：8cm				

Design／ミドリノクマ

クロス型のモチーフで八角のモチーフの間を
うめます。まるでモロッコタイルのような仕
上がり。

07 (a〜d)

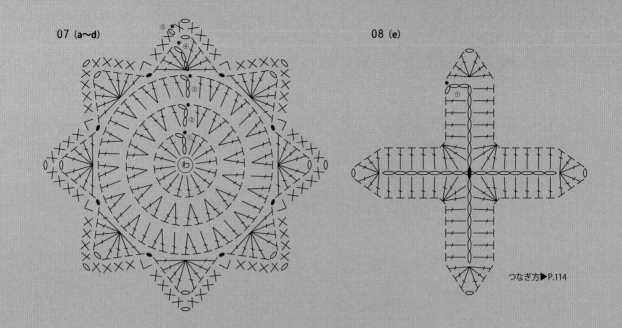

08 (e)

つなぎ方▶P.114

pattern	a	b
yarn	リッチモア パーセント	
colour	①47(紺) ②108(青緑) ③26(ピーコックブルー) ④25(青緑) ⑤22(薄青) ⑥95(白)	①95(白) ②22(薄青) ③25(青緑) ④26(ピーコックブルー) ⑤108(青緑) ⑥47(紺)
crochet	かぎ針 5/0 号	
size	9cm	

Design／武智美恵

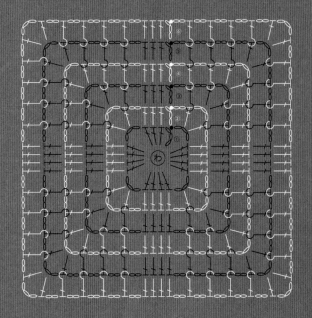

a

同じ色で配色を逆にしたパターン。アイロンで伸ばさず自然の形を楽しむのもおすすめです。

b

pattern	a	b
yarn	リッチモア パーセント	
colour	青(106)	白(95)
crochet	かぎ針5/0号	
size	7.5cm	

Design／Riko リボン

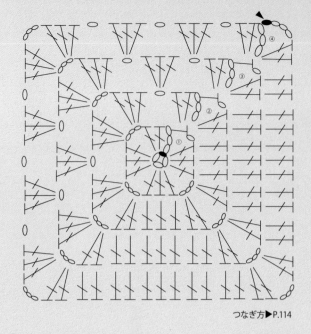

つなぎ方▶P.114

10

a   b

１段を２種類の編み方で編むのが
ポイントです。

アラベスク模様のようなモチーフは
直径19cmのビッグサイズ。四角いモ
チーフと引き抜きはぎでつなぎます。

12

11

motif	11	12
yarn	ハマナカ エコアンダリヤ	
colour	①②③オレンジ(98) ④⑤⑨緑(184) ⑥黄色(11) ⑦⑩水色(66) ⑧ベージュ(42)	①②④緑(184) ③⑤水色(66)
crochet	かぎ針7/0号	
size	19cm	7.5cm

Design／小鳥山いん子　　つなぎ方、編み図▶P.115

pattern	a	b	c	d	e
yarn	ハマナカ フラックス K、フラックス K《ラメ》(d)				
colour	青(211)	黄(205)	赤(203)	紺(612)	緑(207)
crochet	かぎ針5/0号				
size	9×7cm				

Design／高際有希

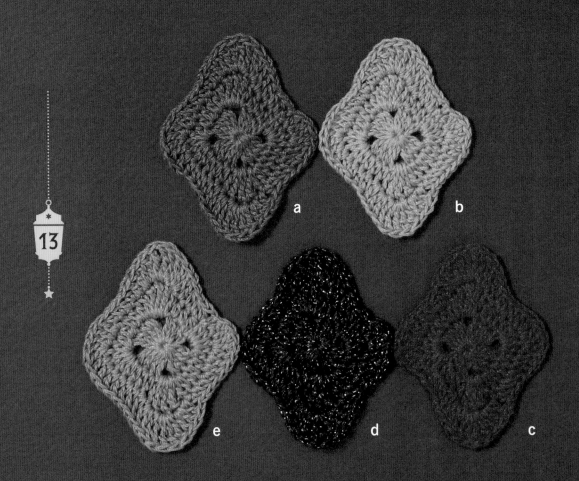

P.77 のグラニーバッグではくさり
編みでつないでいます。

pattern	a	b	c
yarn	リッチモア パーセント		
colour	─紫(53) ─シルバーグレー(93) ─黄緑(109)	─ピンク(72) ─黄土色(14) ─紫(53)	─シルバーグレー(93) ─黄緑(109) ─ピンク(72)
crochet	かぎ針5/0号		
size	6cm角		

Design／高際有希

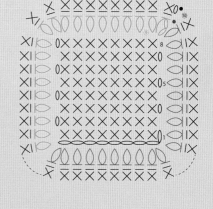

細編みと中長編み2目の玉編みを
組み合わせたユニークなデザイン
のモチーフ。

b

c

a

yarn	ハマナカ コロポックル《マルチカラー》、コロポックル
colour	①～⑦ピンク系(111)／コロポックル《マルチカラー》 ⑧つなぎ：紫(9)／コロポックル
crochet	かぎ針3/0号
size	8×6.5cm

Design／小鳥山いん子

つなぎ方▶P.116

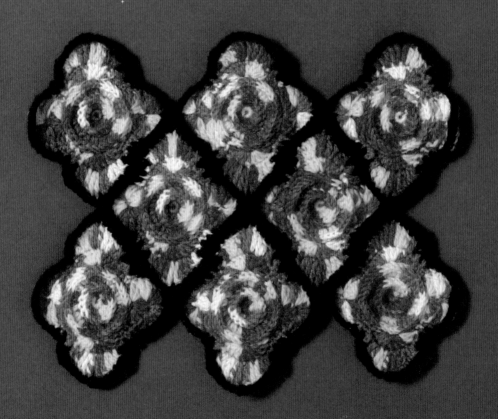

マーブル柄に仕上がるマルチカラー
の糸を使用。つなげると格子状にな
るトレリス模様が印象的です。

pattern	a	b	c	d
yarn		ハマナカ アメリー		
colour	チャイナブルー (29)	セラドン (37)	フォギースカイ (39)	ピーコック グリーン(47)
crochet		かぎ針5/0号		
size		11.5×8.5cm		

Design／ミドリノクマ

つなぎ方▶P.116

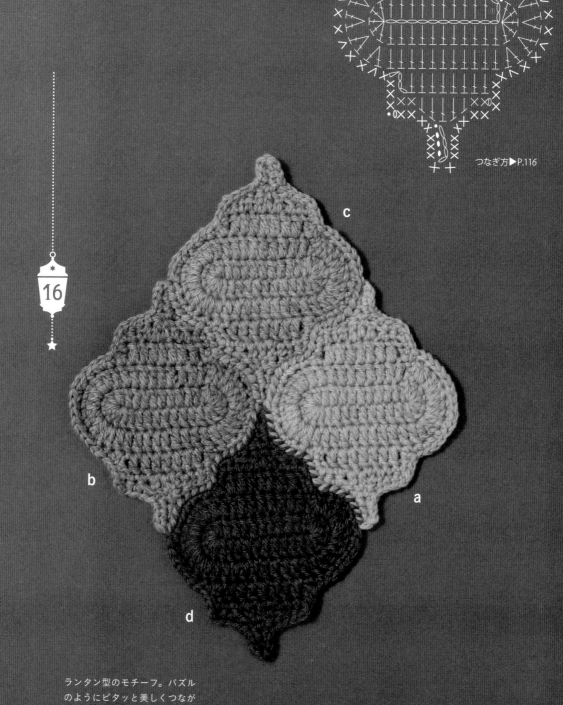

ランタン型のモチーフ。パズルのようにピタッと美しくつながります。

a

ダマスク柄のようなゴージャスな
デザインが魅力。ボリュームもあ
り、存在感抜群です。

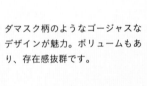

b

pattern	a	b	c
yarn	リッチモア パーセント		
colour	①③⑧黄土色(14) ②⑤⑦ピンク(72) ④⑪オフホワイト(1) ⑥⑩グレー(121) ⑨⑫ピーコックグリーン(26)	①③⑤⑦水色(40) ②⑥⑧黄(6) ④⑩⑪こげ茶(9) ⑨青(25) ⑫オフホワイト(1)	①⑧⑨赤(74) ②④⑦⑪紫(59) ③⑤青緑(108) ⑥⑩紺(28) ⑫濃青(43)
crochet	かぎ針6/0号		
size	17.5×13cm		

Design／小鳥山いん子　　　　　　　　　　　編み図▶P.117

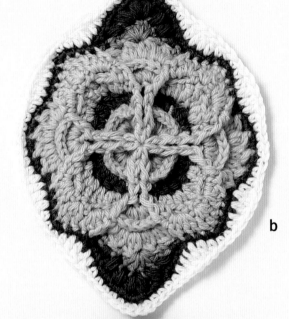

c

pattern	a	b	c
yarn	リッチモア パーセント		
colour	①③黄緑(109) ②⑥紺(46) ④青(106) ⑤黄土色(7)	①③オフホワイト(1) ②⑥黄(6) ④青緑(25) ⑤グレー(121)	①③ピンク(72) ②⑥茶(9) ④紫(112) ⑤オフホワイト(1)
crochet	かぎ針5/0号		
size	12×9cm		

Design／小鳥山いん子

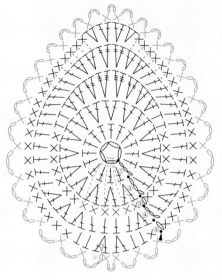

18

孔雀の羽を表現した変形モチー
フ。P.72 のストールはゴールド
の糸で華やかに仕上げています。

×　作り目のわを拾う
（3段目の高さまでしっかり引き上げる）

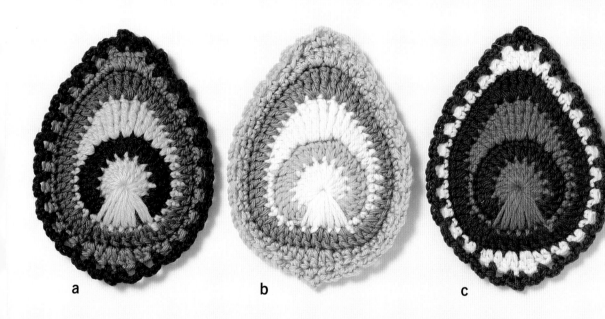

a　　　　　　　　b　　　　　　　　c

19

厚みと透け感のあるユニーク
なモチーフ。最終段で引き抜き
きながら編みつなげます。

pattern	a	b	c	d	e	f
yarn	ハマナカ アメリーエフ《合太》					
colour	— 水色(512) — 生成り(501)	— 生成り(501) — 水色(512)	— オレンジ(506) — 生成り(501)	— 生成り(501) — オレンジ(506)	— こげ茶(519) — 生成り(501)	— 生成り(501) — こげ茶(519)
crochet	かぎ針5/0号					
size	直径8cm					

Design／ミドリノクマ

つなぎ方、編み図▶P.117

pattern	a	b
yarn	リッチモア パーセント	
colour	①②薄ピンク(67) ③④⑤ベージュ(105) ⑥⑦⑧若草色(23) ⑨ブルーグレー(119)	①②ブルーグレー(119) ③④⑤若草色(23) ⑥⑦⑧ベージュ(105) ⑨薄ピンク(67)
crochet	かぎ針 5/0 号	
size	12.5cm	

Design ／ Riko リボン

チェーンつなぎ

わ

20

a

b

シックな配色と緻密なデザイン
のアラベスク風モチーフです。

pattern	a	b	c
yarn	ハマナカ ボニー		
colour	アクアブルー(609)	チェリーピンク(604)	紫(437)
crochet	かぎ針7/0号		
size	10cm		

Design／Riko リボン

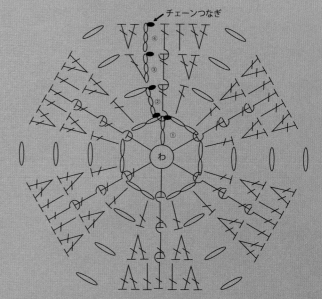

チェーンつなぎ

21

a

六角形のモチーフ。P.82 のバッグで
は大きく編んでつなげています。

b

c

pattern	a	b	c
yarn	ハマナカ アメリー		
colour	― プラムレッド(32) ― ブラック(52)	アクアブルー(11)	― ナチュラルホワイト(20) ― ベージュ(21) ― ラベンダー(43)
crochet	かぎ針5/0号		
size	8cm		

Design／Riko リボン

チェーンつなぎ

＊4段目のくさり編みは、3段目の後ろにくるように編む

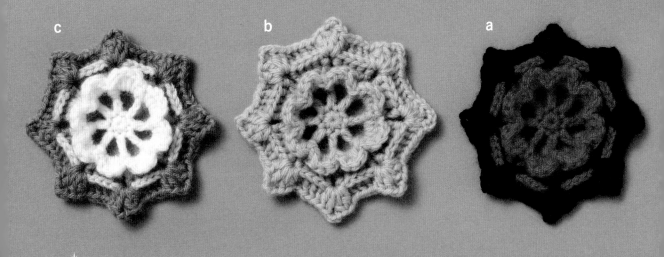

c

b

a

22 立体的な花びらが特徴の、八角形モチーフ。配色を楽しめるデザインです。

pattern	a	b	c
yarn	ハマナカ アメリー エフ《合太》、アメリー エフ《ラメ》(604)		
colour	茶(604)	― 青緑(515) ― 薄緑(528) ― 茶(604)	― オレンジ(506) ― ピンク(505) ― 茶(604)
	つなぎ：茶（604）		
crochet	かぎ針4/0号		
size	7cm		

Design／高際有希

つなぎ方▶巻きかがり(向こう側半目/中表)

3パターンのモチーフを組み合わせ
てモロッカンタイルを表現。くさり
5目のピコットがアクセントです。

23

yarn	ハマナカ アメリーエフ《ラメ》
colour	ベージュ (602)
crochet	かぎ針 4/0 号
size	15cm 角

Design／Riko リボン

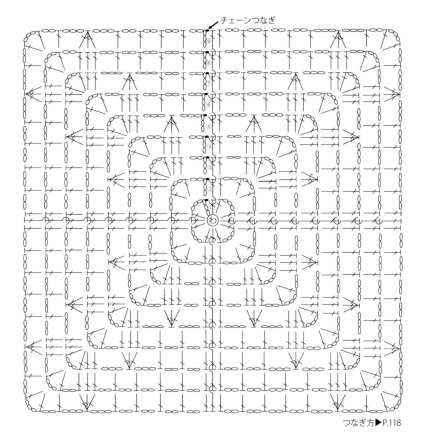

チェーンつなぎ

つなぎ方▶P.118

24

つなぎながら編むと、きれいな格子状
の模様になります。

pattern	a	b	c	d
yarn	リッチモア パーセント			
colour	ベビーピンク(70)	紫(60)	ブルーグレー(44)	赤(74)
crochet	かぎ針 4/0 号			
size	13cm角			

Design／ミドリノクマ　　　　　　　つなぎ方、編み図▶P.118

色合わせを楽しむ正方形のモチーフ。
引き抜き編みでつなげます。

pattern	a	b	c
yarn	ハマナカ アメリーエフ《合太》		
colour	―青緑(515) ―グレー(522) ―生成り(501)	―グレー(522) ―生成り(501) ―青緑(515)	―生成り(501) ―青緑(515) ―グレー(522)
crochet	かぎ針4/0号		
size	6cm		

Design／ミドリノクマ

３色を使い分けた小さなモチーフ。
オリエンタルな雰囲気です。

a

b

c

b

a

d

c

やさしいトーンの配色。くさり5目
のピコットがポイントです。

pattern	a	b	c	d
yarn	ハマナカ アメリー			
colour	①③④白(20) ②青(29) ⑤ピンク(27)	①④青(29) ②白(20) ③ピンク(27) ⑤白(20)	①④ピンク(27) ②白(20) ③青(29) ⑤白(20)	①③④白(20) ②ピンク(27) ⑤青(29)
crochet	かぎ針5/0号			
size	8.5cm			

Design／高際有希

pattern	a	b
yarn	ハマナカ ウオッシュコットン《クロッシェ》	リッチモア パーセント
colour	― ミント（142） ― 白（101）	― 薄紫（59） ― 紫（112）
crochet	かぎ針3/0号	かぎ針6/0号
size	6.5cm	9cm

Design／小鳥山いん子

つなぎ方▶細編みはぎ（内側半目/中表）

a

シンプルなグラニースクエア。
色変えのタイミングを変えるだ
けで新鮮な模様になります。

b

pattern	a	b
yarn	リッチモア パーセント	
colour	― 紫(112) ― 黄土色(7)	― 黄土色(7) ― 紫(112)
crochet	かぎ針5/0号	
size	8cm角	

Design／高際有希

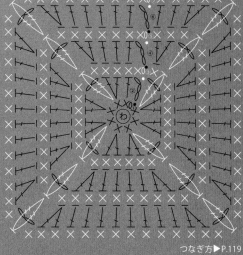

つなぎ方▶P.119

29

a

b

つなげることで、ストライプの格子とボーダーの格子が現れます。

pattern	a	b
yarn	リッチモア パーセント	ハマナカ わんぱくデニス
colour	— オフホワイト(1) — 薄紫(59) — 緑(107)	— 赤(10) — 山吹(28) — 紺(20)
crochet	かぎ針5/0号	
size	9cm角	

Design／小鳥山いん子

a

b

リボンをかけたギフトボックスのよう
なデザイン。中央の花は2段重ねに
なっています。

30

a

b

c

31

落ち着いたトーンでまとめたモ
チーフ。最終段で引き抜きながら
つなぎます。

pattern	a	b	c
yarn	ハマナカ アメリーエフ《合太》		
colour	―黄土色(520) ―生成り(501)	―グレー(523) ―生成り(501)	―薄緑(528) ―生成り(501)
crochet	かぎ針4/0号		
size	7cm		

Design／ミドリノクマ

$\vee$ = $\underset{\vee}{\vee}$

つなぎ方▶P.119

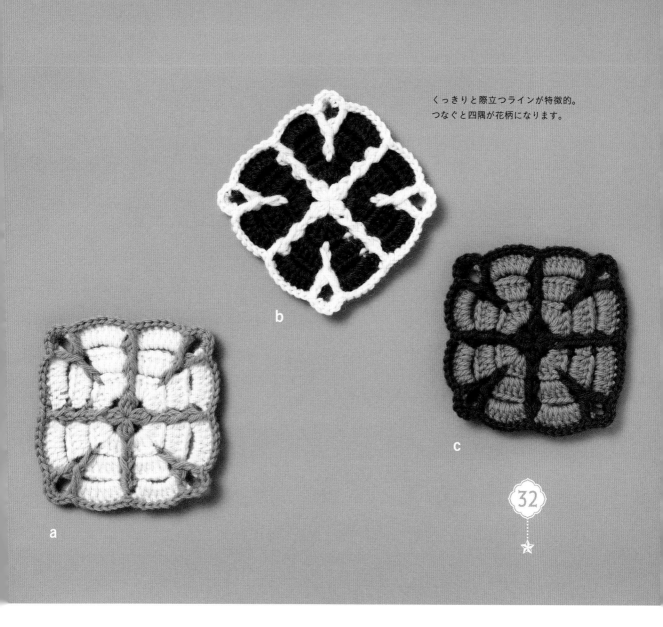

くっきりと際立つラインが特徴的。
つなぐと四隅が花柄になります。

b

c

a

32

pattern	a	b	c
yarn	リッチモア パーセント		
colour	―黄土色(7) ―オフホワイト(1)	―オフホワイト(1) ―紺(28)	―紺(28) ―黄土色(7)
crochet	かぎ針4/0号		
size	10cm		

Design／ミドリノクマ

pattern	a	b	c
yarn	リッチモア パーセント		
colour	―オフホワイト(1) ―オレンジ(86) ―紺(47)	―青緑(34) ―水色(39) ―赤紫(64)	―ライム(14) ―薄紫(59) ―緑(32)
crochet	かぎ針 5/0 号		
size	直径8cm		

Design／ミドリノクマ

c

窓の向こうに模様が見えるような
デザイン。厚みのある丸い形も可
愛らしい。

b

a

yarn	ハマナカ ピッコロ
colour	①②④⑩⑪緑 (24) ③⑤⑥⑦⑫黄 (41) ⑧⑨ベージュ (38) ⑬紫 (31)
crochet	かぎ針 4/0 号
size	7.5cm

Design／小鳥山いん子

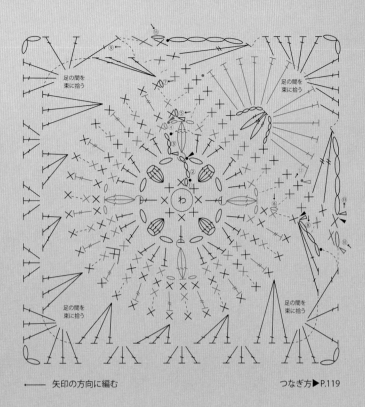

←── 矢印の方向に編む

つなぎ方▶P.119

34

4枚でダイナミックな模様に
なる変則的なデザイン。P.80
のボレロで使っています。

41

Design／Riko リボン

pattern	a	b	c
yarn	ハマナカ アメリー		
colour	―ナチュラルホワイト(20) ―アイスブルー(10) ―プラムレッド(32)	―ナチュラルホワイト(20) ―グレー(22) ―セラドン(37)	―ナチュラルホワイト(20) ―レモンイエロー(25) ―ライラック(42)
crochet	かぎ針5/0号		
size	9cm		

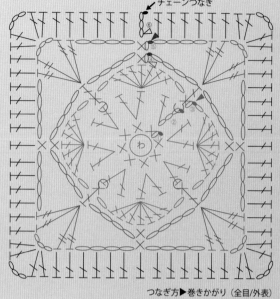

つなぎ方▶巻きかがり（全目/外表）

35
☆

3パターンの配色で構成。巻きかがりでつなげています。

motif	36	37
yarn	リッチモア パーセント	
colour	― グレー(93) ― ターコイズ(108) ― オフホワイト(1)	赤(75)
crochet	かぎ針 5/0 号	
size	11cm	4.5cm

Design／Riko リボン

36

チェーンつなぎ

＊5段目の長編み3目の
　玉編みは、
　4段目を編みくるみ
　3段目を拾い編む

つなぎ方▶P.120

チェーン
つなぎ

37

36

37

36

37

八角形モチーフと小さなモチーフを引き抜き
編みでつなぐともう一つの模様が現れます。

c

a

土台のモチーフを編み、その2段目に花
びらを編みつけます。きらびやかで立体
的なモチーフです。

44

b

d

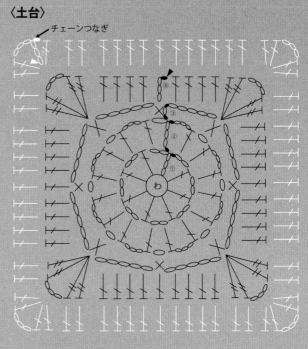

〈土台〉

チェーンつなぎ

④

③

②

①

わ

〈花びら〉

チェーンつなぎ

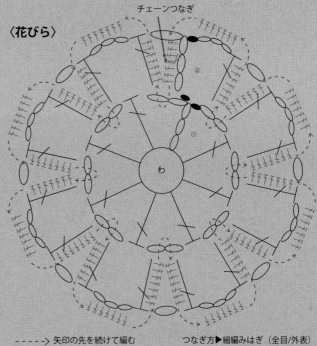

②

①

わ

-----▶ 矢印の先を続けて編む　　つなぎ方▶細編みはぎ（全目/外表）

pattern	a	b	c	d
yarn	ハマナカ ウオッシュコットン			
colour	一薄グレー(20) 一白(1) 一青(42)	一薄グレー(20) 一白(1) 一薄青(26)	一薄グレー(20) 一白(1) 一青緑(31)	一薄グレー(20) 一白(1) 一ブルーグレー(12)
crochet	かぎ針 5/0号			
size	8cm			

Design／Riko リボン

38

pattern	a	b	c	
yarn	ハマナカ ルナモール	リッチモア パーセント	ハマナカ エクシードウールL《並太》	
colour	①②④⑥⑦白 (11) ③⑤グレー (2)	━ 黄緑 (109) ━ 青 (106)	①〜⑤紫 (812) ⑥⑦赤 (835)	
crochet	かぎ針7/0号	かぎ針6/0号		
size	12.5cm	10cm		

Design／小鳥山いん子

39

c

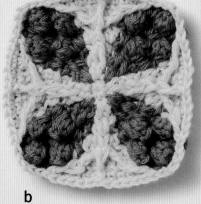

b

a

全て同じ編み図のモチーフ。色変
えのアレンジでガラッと雰囲気が
変わります。

pattern	a	b	c
yarn	リッチモア パーセント		
colour	①②青(106) ③オフホワイト(1) ④青緑(34)	①〜③青(106) ④ブルーグレー(119)	①②青緑(34) ③④茶(9)
crochet	かぎ針5/0号		
size	9×6.5cm		

Design／ハマナカ企画、飯淵操

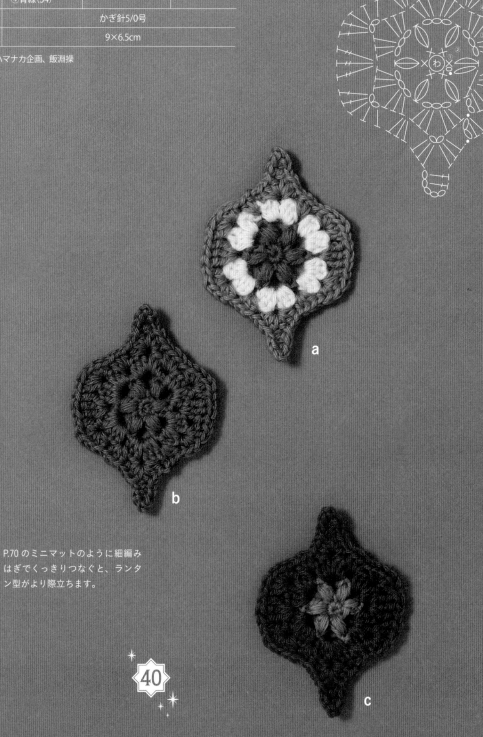

a

b

P.70のミニマットのように細編み
はぎでくっきりつなぐと、ランタ
ン型がより際立ちます。

40

c

pattern	a	b	c
yarn	リッチモア パーセント		
colour	深緑(31)	グレー(93)	オレンジ(79)
crochet	かぎ針5/0号		
size	13cm角		

Design／Riko リボン

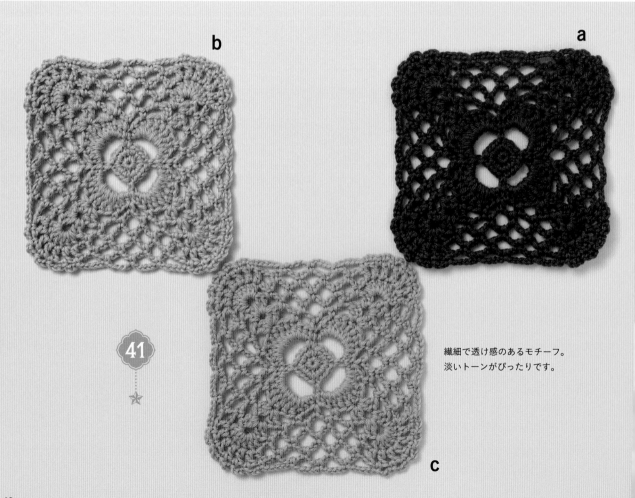

41

繊細で透け感のあるモチーフ。
淡いトーンがぴったりです。

pattern	a	b
yarn	リッチモア パーセント	
colour	オレンジ(79)	― 水色(35) ― 黒(90) ― グレー(93)
crochet	かぎ針5/0号	
size	11cm	

Design／Riko リボン

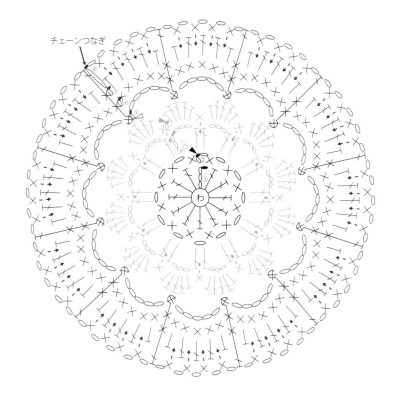

チェーンつなぎ

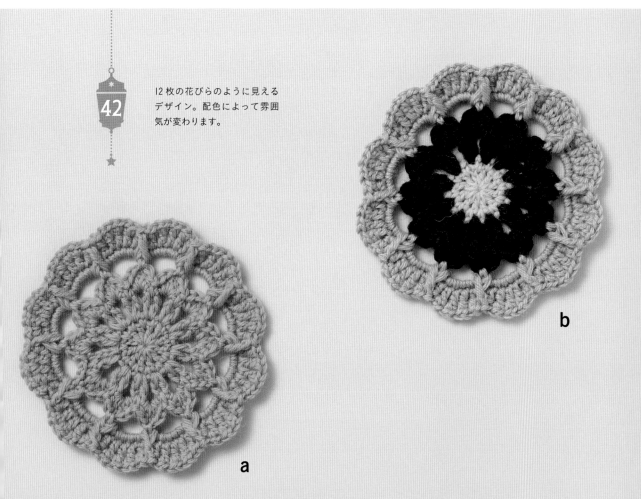

42

12枚の花びらのように見える
デザイン。配色によって雰囲
気が変わります。

b

a

44

43

motif	43							44
pattern	a	b	c	d	e	f	g	h
yarn	リッチモア パーセント							
colour	ベージュ (123)	薄紫 (59)	薄ピンク (67)	水色 (39)	ベビーピンク (70)	赤 (75)	エメラルド (35)	― グレー(122) ― 白(95)
crochet	かぎ針5/0号							
size	6cm角							

Design／Riko リボン

g

e

c

b

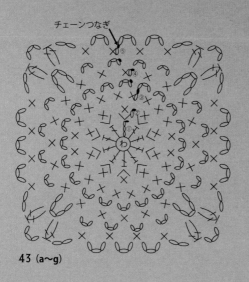

チェーンつなぎ

43（a〜g）

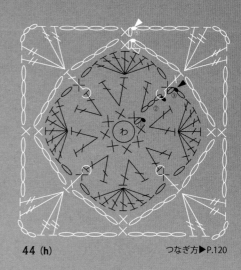

44（h）　　　　　　つなぎ方▶P.120

f

h

d

a

２種類のモチーフを引き抜き編みでつなげています。一つのモチーフの色を揃えると多色でも品よくまとまります。

a

同じモチーフで、明るい配色と暗
い配色を提案。最終段で引き抜き
ながら編みつなぎます。

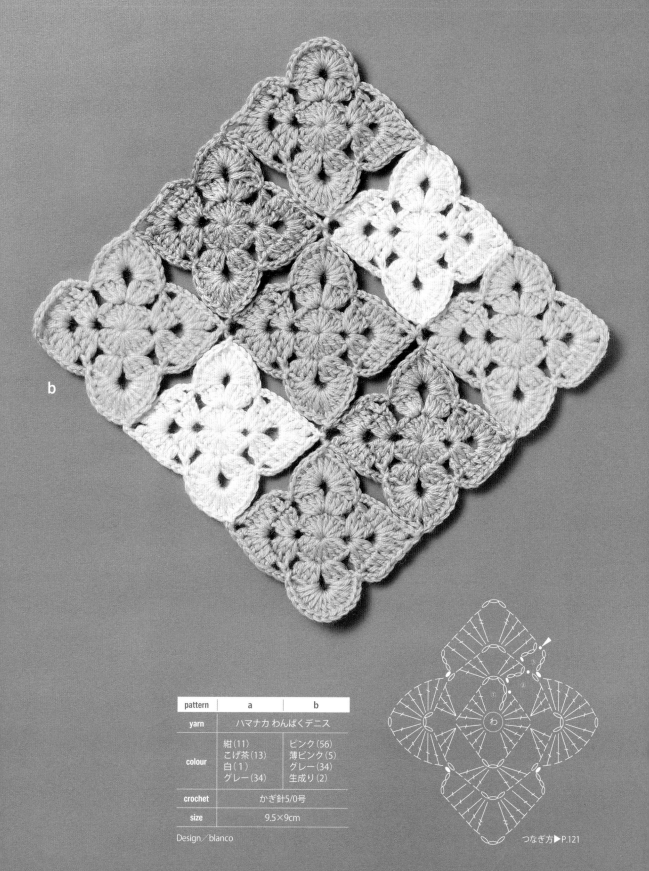

b

pattern	a	b
yarn	ハマナカ わんぱくデニス	
colour	紺(11) こげ茶(13) 白(1) グレー(34)	ピンク(56) 薄ピンク(5) グレー(34) 生成り(2)
crochet	かぎ針5/0号	
size	9.5×9cm	

Design／blanco

つなぎ方▶P.121

pattern	a
yarn	リッチモア パーセント
colour	①薄ピンク(67) ②金茶(7) ④③ピンク(72) ⑤黄土色(8) ⑥えんじ(61)
crochet	かぎ針5/0号
size	9.5cm

Design／飯淵典子

つなぎ方▶P.121

pattern	a	b	c	d	e
yarn	リッチモア パーセント				
colour	えんじ(61)	黄土色(8)	ピンク(72)	金茶(7)	薄ピンク(67)
	つなぎ：クリーム(123)				
crochet	かぎ針5/0号				
size	9.5cm				

Design／飯淵典子

中長編み5目の玉編みで編んだ蜂の巣のようなモチーフ。くさりを少しきつめに、隙間を作らずに編むのがコツです。

f

c

h

e

b

a

d

チェーンつなぎ

アラベスク模様のようなタイルを表現。小さな
モチーフでつなぐとエレガントに仕上がります。

チェーンつなぎ

g

motif	47							48
pattern	a	b	c	d	e	f	g	h
yarn	リッチモア パーセント							
colour	水色（39）	エメラルド（35）	青緑（25）	白（95）	①②水色（39）③④白（95）⑤⑥青緑（25）	①②エメラルド（35）③④白（95）⑤⑥水色（39）	①②青緑（25）③④白（95）⑤⑥エメラルド（35）	青（106）
crochet	かぎ針 5/0 号							
size	10cm							3.5cm

Design／Riko リボン

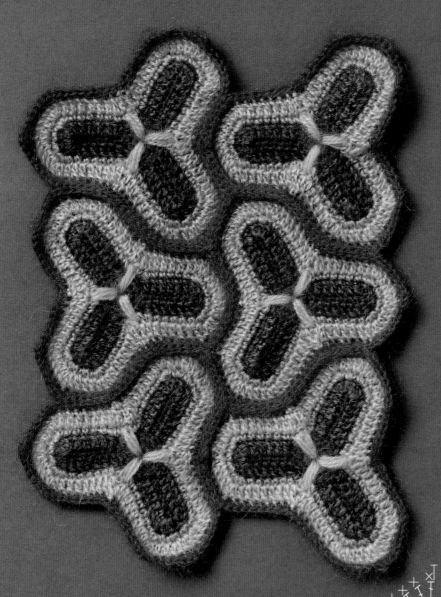

パズルのようにピタッとつながるモチーフ。引き抜きはぎでしっかりつなぎ目を見せるのがポイントです。

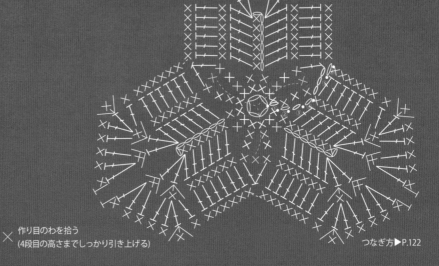

yarn	ハマナカ モヘア
colour	①②⑥濃ピンク（49） ③緑（102） ④黄（31） ⑤グレー（63）
crochet	かぎ針4/0号
size	10cm

Design／小鳥山いん子

× 作り目のわを拾う
（4段目の高さまでしっかり引き上げる）

つなぎ方▶P.122

50

c

a

シンプルな正方形型。P.68 のブラン
ケットのモチーフです。

b

pattern	a	b	c
yarn	ハマナカ アメリー		
colour	①アイスブルー(10) ②④ナチュラルホワイト(20) ③オレンジ(4) ⑤⑥クリムゾンレッド(5)	①ナチュラルホワイト(20) ②④ブルーグリーン(12) ③コーンイエロー(31) ⑤⑥薄緑(54)	①ベージュ(21) ②④シナモン(50) ③ナチュラルホワイト(20) ⑤⑥キャメル(8)
crochet	かぎ針5/0号		
size	10cm		

Design／blanco

pattern	a	b
yarn	ハマナカ アメリー	
colour	ー ナチュラルホワイト(20) ー シナモン(50) ー アイスブルー(10)	ー ナチュラルホワイト(20) ー ライラック(42) ー ピュアブラック(52)
crochet	かぎ針5/0号	
size	6.5cm角	

Design／blanco

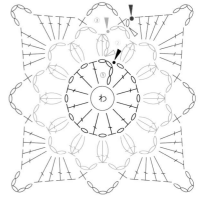

つなぎ方▶P.123

51

シンプルな花のモチーフ。最終段で
引き抜きながら編みつなぎます。

b

a

pattern	a	b	c
yarn	ハマナカ ウオッシュコットン		
colour	─ モカ (23) ─ ベージュ (3) ─ 薄ピンク (8)	─ 薄ピンク (8) ─ モカ (23) ─ ベージュ (3)	─ ベージュ (3) ─ 薄ピンク (8) ─ モカ (23)
crochet	かぎ針4/0号		
size	7cm角		

Design／blanco

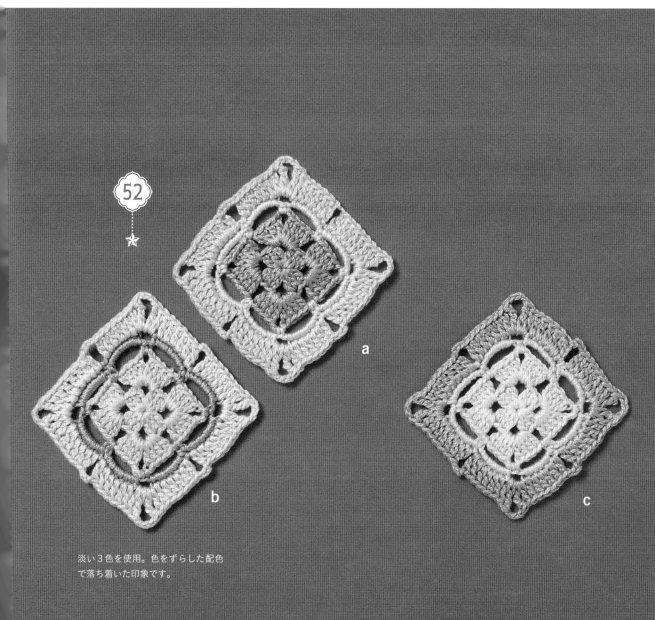

52

a

b

c

淡い3色を使用。色をずらした配色
で落ち着いた印象です。

pattern	a	b
yarn	ハマナカ アメリー	
colour	―ナチュラルホワイト(20) ― アクアブルー(11)	―ベージュ(21) ― ラベンダー(43)
crochet	かぎ針5/0号	
size	8.5cm	

Design／blanco

つなぎ方▶P.123

2色の花びらのように見えるデザイン。
引き抜きながら編みつなぎます。

a

b

pattern	a	b	c	d
yarn	リッチモア パーセント			
colour	黄土色(8)	カラシ(6)	黄(101)	ベージュ(105)
	つなぎ：白(95)			
crochet	かぎ針5/0号			
size	14×10cm			

Design／Riko リボン

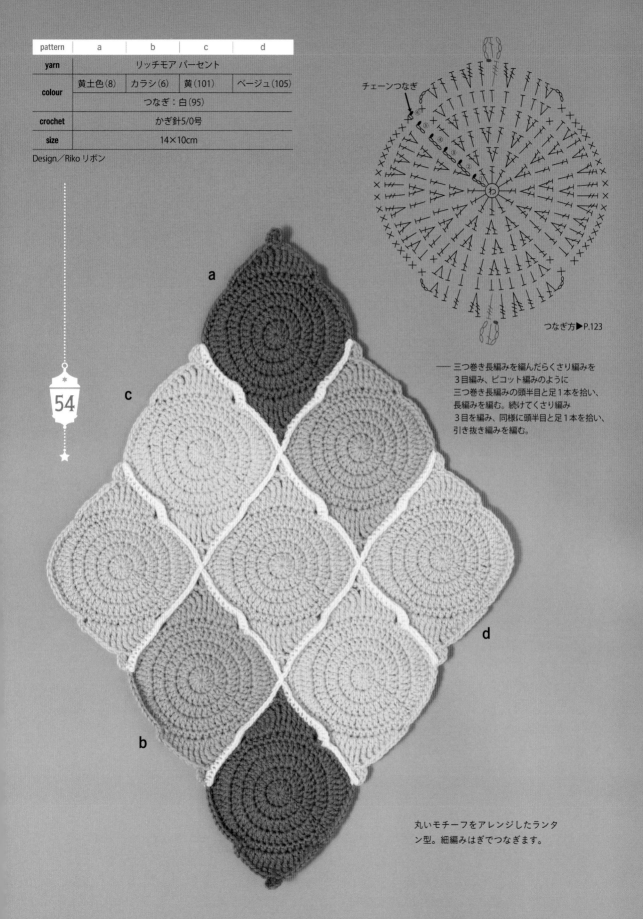

チェーンつなぎ

つなぎ方▶P.123

—— 三つ巻き長編みを編んだらくさり編みを
3目編み、ピコット編みのように
三つ巻き長編みの頭半目と足1本を拾い、
長編みを編む。続けてくさり編み
3目を編み、同様に頭半目と足1本を拾い、
引き抜き編みを編む。

54

a

c

b

d

丸いモチーフをアレンジしたランタ
ン型。細編みはぎでつなぎます。

モロッカンモチーフの小物

モロッカンモチーフの小物を紹介します。
モチーフ2枚から60枚まで、
飾りものから身につけるものまで
幅広いラインナップです。

motif.10

タッセル付きのクッションカバー

グラニースクエアをアレンジしたシンプルな
モチーフのクッションカバー。四隅に付けた
タッセルがポイントです。

Design／ Rikoリボン
Yarn／ハマナカ アメリー、
ハマナカ ウオッシュコットン

How to make
▼
P.88

motif.50

モザイクタイル風ブランケット

3パターンの配色を組み合わせたブランケッ
ト。程よいサイズなので、日常使いとしては
もちろん、アウトドアでも活躍しそう。

Design／ blanco
Yarn／ハマナカ アメリー

How to make
▼
P.91

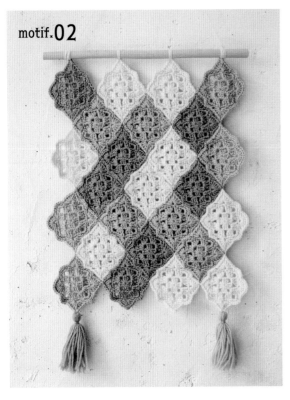

motif.02

トレリス模様のタペストリー

ひし形のモチーフと木製の棒を組み合わせた
タペストリー。左右両端に付けたタッセルが
重りになり、バランスを保ちます。

Design／ミドリノクマ
Yarn／リッチモア パーセント

How to make ▶ P.92

motif.40

ランタン模様のミニマット

モロッカンデザインの定番、ランタン型のモチーフが印象的。モチーフの枚数を増やせば
好みのサイズ、形にアレンジできます。

Design／ハマナカ企画、飯淵操
Yarn／ハマナカ アメリー

How to make ▶ P.94

motif.18

孔雀のストール

孔雀の羽をイメージしたモチーフをゴールド
の糸でつなげたゴージャスなストール。テー
ブルランナーとしてもおすすめです。

Design／小鳥山いん子
Yarn／ハマナカ ウオッシュコットン、リッチモア サスペンス

How to make ▶ P.96

motif.39

モザイクタイル風のバッグ

模様が浮き上がるような立体感のあるモチーフを1色でまとめたグラニーバッグ。サイズ感も色合いも、使い勝手抜群です。

Design／小鳥山いん子
Yarn／ハマナカ エコアンダリヤ

How to make ▶ **P.98**

花モチーフのバブーシュ

ボリュームのある花のモチーフを飾
りにあしらったバブーシュ。素足で履
いても気持ちいい、フェルト底を使っ
ています。

Design／ Rikoリボン
Yarn／ハマナカ ウオッシュコットン、
リッチモア サスペンス

How to make
▼
P.100

motif.13

カラフルグラニーバッグ

8パターンのひし形モチーフからなるグラニーバッグ。バッグ口の玉編みやくさりはぎなど、ディテールにこだわったデザインです。

Design／高際有希
Yarn／リッチモア パーセント

How to make
▼
P.101

motif.40

小さな巾着袋

ミニマット（P.70）と同じモチーフを使った
巾着袋。キャンディ入れやコスメポーチとし
てバッグに入れておきたいアイテムです。

Design／ハマナカ企画、飯淵操
Yarn／ハマナカ アメリーエフ《合太》、
アメリーエフ《ラメ》

How to make ▶ **P.104**

motif.26

小さなピンクッション

モチーフ2枚を合わせ、手芸綿を詰めるだけ
の手軽さが魅力。四隅に付けた小さなタッセ
ルがアクセントです。

Design／ミドリノクマ
Yarn／リッチモア パーセント

How to make ▶ P.106

79

motif.34

マーガレットボレロ

モチーフ40枚で作るボレロ。4枚で一つの
模様になるモロッコタイルのようなモチーフ
と規則的な模様の縁編みが目を引きます。

Design／小鳥山いん子
Yarn／ハマナカ
エクシードウール L《並太》

How to make
▼
P.107

motif.**14**

四角いモチーフのスヌード

二重にして頭からかぶるタイプ。細編みと玉
編みで編むシンプルなモチーフは、いろいろ
な配色で雰囲気の違いを楽しんで。

Design／高際有希
Yarn／ハマナカ アメリー
ソノモノ ロイヤルアルパカ

How to make
▼
P.109

2WAY バッグ

1枚のモチーフを大きく編んで組み合わせた
バッグ。竹のハンドルとショルダーひもを付
けた使いやすい 2WAY タイプです。

Design／Rikoリボン
Yarn／ハマナカ エコアンダリヤ、
ウオッシュコットン《クロッシェ》

How to make
▼
P.110

モチーフのつなぎ方パターン

モロッカンモチーフのつなぎ方7パターンを紹介します。
最終段で編みながらつなげる方法、編んでからまとめてつなげる方法があります。

〈編みながらつなぐ〉

◆針を入れ替えて引き抜き編みでつなぐ

01 モチーフBをつなぐ位置の手前まで編む。

02 針を一旦外し、モチーフAのくさり編みの束に、針を上から入れる。

03 モチーフBの目に針を戻す。

04 モチーフAの束から03で戻した目を引き出す。

05 針に糸をかけ、引き抜き編みを1目編む。

06 編み図のとおりにつなぐ位置の手前まで編む。

07 02～05を繰り返し、引き抜き編みでつなぐ。

08 モチーフBを最後まで編む。

◆引き抜き編みでつなぐ

モチーフＡ

モチーフＢ

01 モチーフＢをつなぐ位置の手前まで編み、モチーフＡのくさり編みの束に針を上から入れる。

02 針に糸をかけ、矢印の方向に引き抜く。

03 引き抜き編み１目でつながったところ。

04 編み図のとおりにつなぐ位置の手前まで編む。

05 同様に引き抜き編みを１目編む。

06 モチーフＢを最後まで編む。

〈最終段まで編んでからかぎ針でつなぐ〉

◆引き抜き編みとくさり編みでつなぐ

モチーフＡ

モチーフＢ

01 モチーフＢに新しい糸をつけ、くさり編みを２目編む。

02 モチーフＡの最終段の目の頭に上から針を入れ、引き抜き編みでつなぐ。

03 くさり編みを２目編む。

04 モチーフBの3目めに引き抜き編みを1目編む。

05 くさり編みを2目編み、モチーフAの3目めに引き抜き編みを1目編む。

06 02〜05を繰り返す。

◆中表で外側半目を細編みでつなぐ

外側半目

01 モチーフを中表に合わせる。

02 モチーフ2枚の外側半目に針を入れる。

03 新しい糸をつけ、立ち上がりのくさり1目を編む。

04 細編みを1目編む。

05 次の半目同士を合わせ、細編みでとじる。

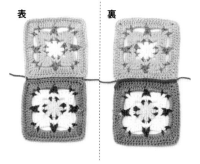

表　裏

06 表と裏から見たところ。

◆外表で全目を引き抜き編みでつなぐ

01 モチーフを外表に合わせ、モチーフ2枚の頭くさり2本（全目）に針を入れる。

02 新しい糸を針にかけ、引き出す。

03 次の全目同士に針を入れ、糸をかける。

04 引き抜き編みをする。

05 03、04を繰り返し、引き抜き編みでとじる。

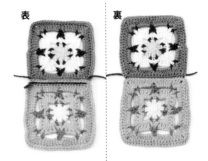

06 表と裏から見たところ。

〈最終段まで編んでからとじ針でつなぐ〉
◆表同士をつき合わせて全目を巻きかがる

01 モチーフ2枚を表につき合わせ、糸を通したとじ針を全目に刺す。

02 糸を通し、次の目も右から左へ針を刺す。

03 02を繰り返す。

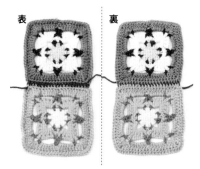

04 表と裏から見たところ。

◆表同士をつき合わせて外側半目を巻きかがる

＊P.127もご覧ください。

01 モチーフ2枚をつき合わせ、糸を通したとじ針を外側半目に刺す。

02 糸を通し、次の目も右から左へ外側半目同士に針を刺す。

03 02を繰り返す。

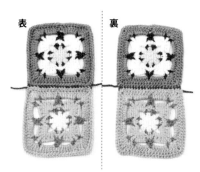

04 表と裏から見たところ。

motif.10 タッセル付きのクッションカバー P.68

[使用糸] ハマナカ アメリー ナチュラルホワイト(20)
130g、チャコールグレー(30) 120g、
コーンイエロー(31)20g
ハマナカ ウオッシュコットン 紫(41) 30g

[使用針] かぎ針 6/0号(モチーフ)、5/0号(縁編み)、
とじ針

[その他] ヌードクッション(45cm×45cm)1個

[サイズ] 41cm角

[作り方]
①かぎ針6/0号でつなぎ方1〜3のようにモチーフをつなぎながら編む。つなぎ方3の縁編みは、コーンイエローの糸、かぎ針5/0号で編む。
②3枚の編み地を重ねる(編み地の重ね方参照)。
③かぎ針5/0号を使用し、編み地を3枚重ねた状態で縁編みをする(P.90縁編み参照)。
④タッセルを4個作り、本体の四隅に取り付ける(P.90タッセルの作り方参照)。
⑤カバーにヌードクッションを入れる。

〈つなぎ方1〉

◀ 糸を切る

```
25   24   23   22   21
20   19   18   17   16
15   14   13   12   11
10    9    8    7    6
 5    4    3    2    1
```

＊奇数は(20)、偶数は(30)で編む。

•⇢ 矢印の先の目を引き抜き編みでつなぐ
•⇢ 矢印の先の目を引き抜き編みでつなぐ

〈つなぎ方2〉

```
20   19   18   17   16
15   14   13   12   11
10    9    8    7    6
 5    4    3    2    1
```

＊奇数は(20)、偶数は(30)で編む

•⇢ 矢印の先の目を引き抜き編みでつなぐ
•⇢ 矢印の先の目を引き抜き編みでつなぐ

〈つなぎ方3〉

◁ 糸をつける
◀ 糸を切る

```
15   14   13   12   11
10    9    8    7    6
 5    4    3    2    1
```

＊奇数は(20)、偶数は(30)、縁編みは(31)で編む

•⇢ 矢印の先の目を引き抜き編みでつなぐ
•⇢ 矢印の先の目を引き抜き編みでつなぐ

〈モチーフ〉

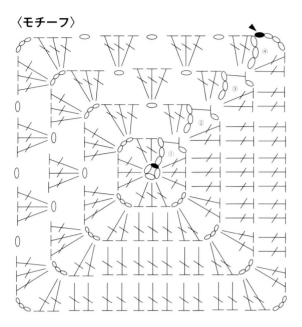

d ──────────────────────── **c**

15	14	13	12	11
10	9	8	7	6
5	4	3	2	1

〈編み地の重ね方〉

c ──────────────────────── **d**

21	16	11	6	1
22	17	12	7	2
23	18	13	8	3
24	19	14	9	4
25	20	15	10	5

a ──────────────────────── **b**

20	19	18	17	16
15	14	13	12	11
10	9	8	7	6
5	4	3	2	1

b ──────────────────────── **a**

a.bの角を編み地が外表になるように合わせる。
その上にc.dの角を編み地が外表になるように合わせる。
3枚の編み地を合わせたら、縁編み図のとおり、縁を編む。

編み終わり（チェーンつなぎ）

21	16	11	6	1
22	17	12	7	2
23	18	13	8	3
24	19	14	9	4
25	20	15	10	5

*つなぎ方3の縁編み部分は、
1段に1目ずつ編む。

◁ 糸をつける

〈タッセルの作り方〉((41) 4個)

③本体に取り付けたら
②と同じように
とじ針で結んだ糸にくぐらせる

わに糸を通して
結ぶ

②とじ針で
結んだ糸に
くぐらせる

①結ぶ

10cm

厚紙に70回巻く

わを切る

7cm

④切り揃える

出来上がり（裏面）

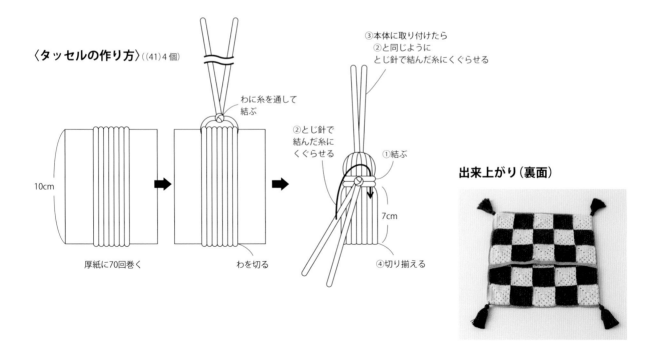

motif.50 モザイクタイル風ブランケット P.68

[使用糸] ハマナカ アメリー グレー(22)28g、
コーンイエロー(31)32g、ナチュラルホワイト(20)75g、インクブルー(16)106g
[使用針] かぎ針5/0号、とじ針
[サイズ] 64cm角

[作り方]
①モチーフA、B、Cを指定枚数編む(配色表参照)。
②モチーフを図1のように配置して巻きかがりでつなぐ。
③モチーフから目を拾い、縁編みを編む(つなぎ方と縁編み参照)。

〈モチーフ〉B配色

◀糸を切る

〈図1〉

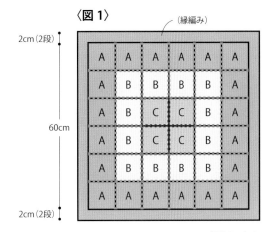

■■■■■■ (22)でつなぐ
■■■■■■ (20)でつなぐ
■■■■■■ (16)でつなぐ

〈つなぎ方と縁編み〉

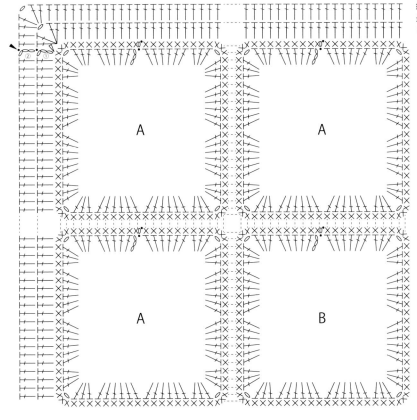

◁ 糸をつける
◀ 糸を切る

編み地の表同士をつき合わせて、
最終段の外側の半目同士を巻きかがりでつなぐ
(P.87参照)

配色表

段数	A配色	B配色	C配色
①段め	(22)		(16)
②④段め	(31)	(20)	(20)
③段め	(20)		(31)
⑤⑥段め	(16)		(22)
枚数	20枚	12枚	4枚

＊A配色、C配色はP.61の編み図参照。

[使用糸] リッチモア パーセント ダークグレイッシュ
　　　　グリーン(23)30g、グレイッシュグリーン(22)
　　　　38g、生成り(1)32g
[使用針] かぎ針5/0号、とじ針
[その他] 棒(直径1.3cm・長さ33cm)1本
[サイズ] 36×32cm

[作り方]
①図1のようにモチーフをつなぎながら番号順に編
　む(つなぎ方参照)。
②上4枚のモチーフを棒にくくりつける。
③タッセルを2個作る(タッセルの作り方参照)。
④4(B)と25(C)のモチーフにタッセルを取り付ける(図
　1参照)。

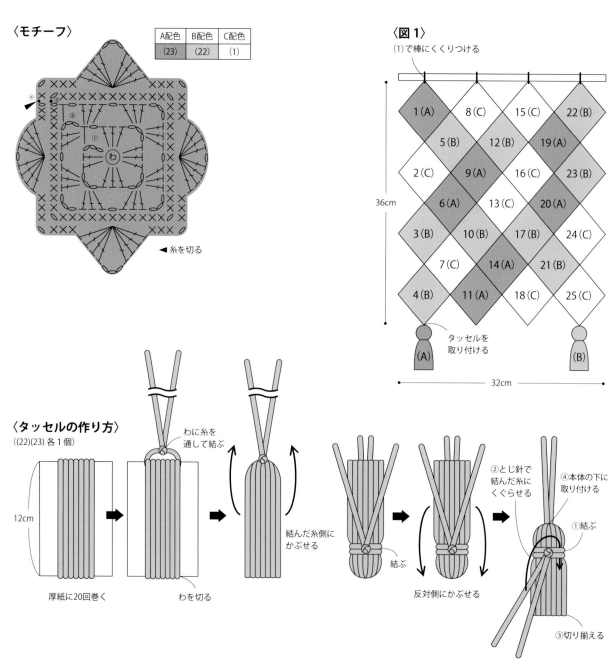

〈モチーフ〉

A配色	B配色	C配色
(23)	(22)	(1)

◀糸を切る

〈図1〉

(1)で棒にくくりつける

1(A)	8(C)	15(C)	22(B)
5(B)	12(B)	19(A)	
2(C)	9(A)	16(C)	23(B)
6(A)	13(C)	20(A)	
3(B)	10(B)	17(B)	24(C)
7(C)	14(A)	21(B)	
4(B)	11(A)	18(C)	25(C)

36cm

32cm

タッセルを
取り付ける

(A)　(B)

〈タッセルの作り方〉
((22)(23) 各1個)

12cm

厚紙に20回巻く

わを切る

わに糸を
通して結ぶ

結んだ糸側に
かぶせる

結ぶ

反対側にかぶせる

②とじ針で
結んだ糸に
くぐらせる

④本体の下に
取り付ける

①結ぶ

③切り揃える

〈つなぎ方〉

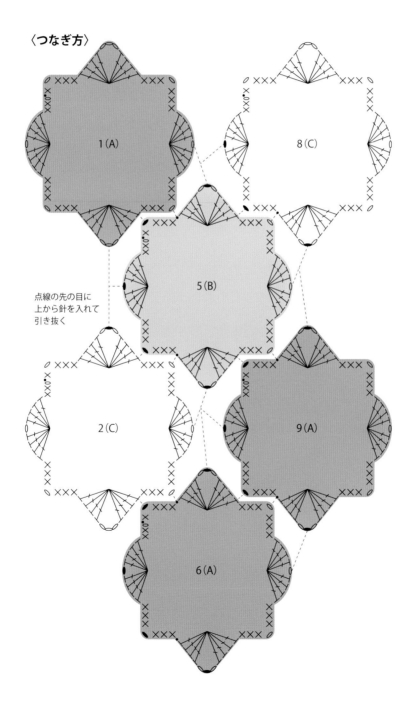

1（A）

8（C）

5（B）

点線の先の目に
上から針を入れて
引き抜く

2（C）

9（A）

6（A）

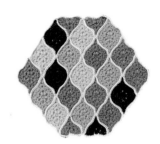

[使用糸] ハマナカ アメリー 白(51)10.5g、
パープル(18)10g、ヴァージニアブルーベル
(46)12g、アクアブルー(11)15g、
ミントブルー(45)12g、
イエローオーカー(41)13.5g
[使用針] かぎ針5/0号、とじ針
[サイズ] 33×37.5cm

[作り方]
①モチーフAを19枚、モチーフBを4枚編み、図1のように配置する。
②モチーフ同士を外表に合わせ、①～⑧の順に細編みで編みつなぐ(つなぎ方・図1参照)。
③本体から目を拾い、細編みの縁編みを編む(つなぎ方参照)。

〈モチーフ A〉

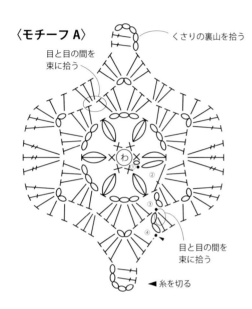

くさりの裏山を拾う
目と目の間を束に拾う
目と目の間を束に拾う
◀ 糸を切る

〈モチーフ B〉

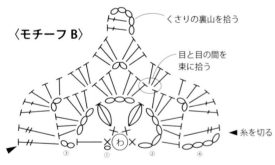

くさりの裏山を拾う
目と目の間を束に拾う
◀ 糸を切る

〈図 1〉

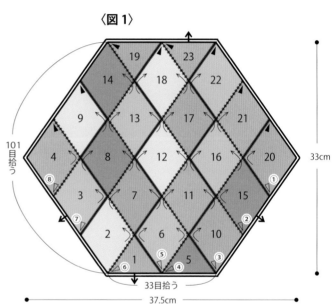

101目拾う
33cm
33目拾う
37.5cm

	配色
1、4、11、21、23	(46)
2、9、12、18	(45)
3、6、13、16、22	(11)
5、8、14、15	(18)
7、10、17、19、20	(41)

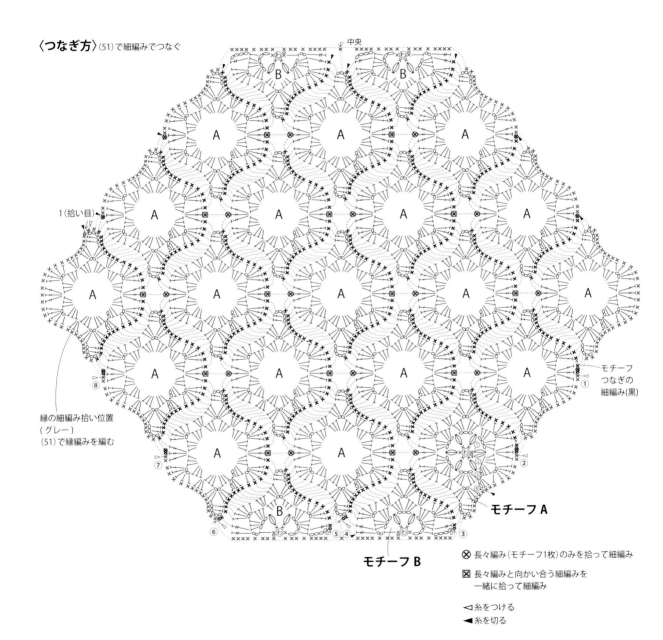

〈つなぎ方〉(51)で細編みでつなぐ

中央

1(拾い目)

モチーフ
つなぎの
細編み(黒)

縁の細編み拾い位置
(グレー)
(51)で縁編みを編む

モチーフ A

モチーフ B

⊗ 長々編み(モチーフ1枚)のみを拾って細編み

☒ 長々編みと向かい合う細編みを
　 一緒に拾って細編み

◁ 糸をつける

◀ 糸を切る

[使用糸] ハマナカ ウオッシュコットン 黄緑(30)45g、
　　　　 青(42)60g、水色(26)45g、黄(27)35g
　　　　 リッチモア サスペンス 金(2)80g
[使用針] かぎ針 6/0号、4/0号、とじ針
[サイズ] 21×100cm

[作り方]
①モチーフを27枚編む。
②モチーフを図1のように配置し、縁編みで9枚をつなぐ。これを3枚作る。
③3枚を細編みとくさり編みではぎ合わせる(つなぎ方と縁編み参照)。

〈図1〉

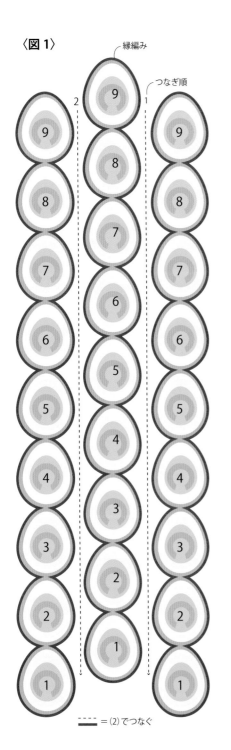

縁編み

つなぎ順

= (2)でつなぐ

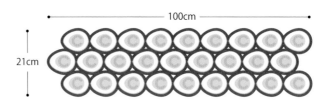

100cm

21cm

段数	配色
①③段め	(30)
②⑥段め	(42)
④段め	(26)
⑤段め	(27)

〈モチーフ〉

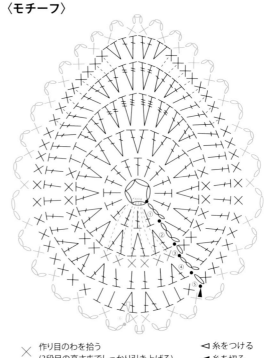

× 作り目のわを拾う
　(3段目の高さまでしっかり引き上げる)

◁ 糸をつける
◀ 糸を切る

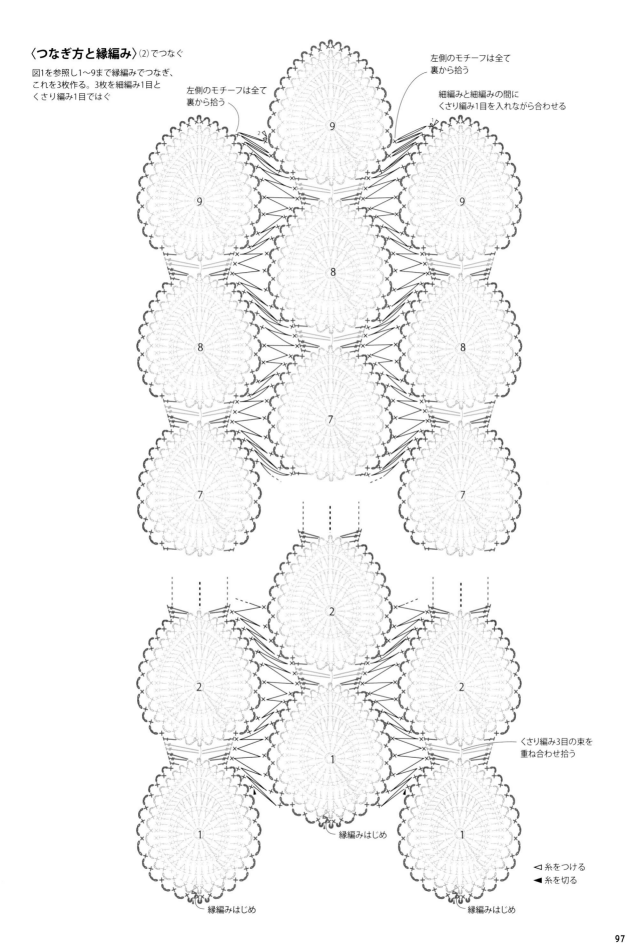

〈つなぎ方と縁編み〉(2)でつなぐ

図1を参照し1〜9まで縁編みでつなぎ、
これを3枚作る。3枚を細編み1目と
くさり編み1目ではぐ

左側のモチーフは全て
裏から拾う

左側のモチーフは全て
裏から拾う

細編みと細編みの間に
くさり編み1目を入れながら合わせる

くさり編み3目の束を
重ね合わせ拾う

縁編みはじめ

縁編みはじめ

縁編みはじめ

縁編みはじめ

◁ 糸をつける
◀ 糸を切る

motif.39 モザイクタイル風のバッグ P.74

[使用糸] ハマナカ エコアンダリヤ ベージュ(23)
320g
[使用針] かぎ針 6/0号、とじ針
[その他] ウッドリング(内径3.8cm)4個
[サイズ] 32×44cm

[作り方]
①モチーフを17枚編む。
②モチーフを図1のように配置し、引き抜き編みではぎ合わせる。
③バッグ入れ口を縁編みする(つなぎ方と縁編み参照)。
④持ち手2枚とウッドリング取り付けパーツを4枚編み、指定位置にとじつける(持ち手とパーツの組み立て方・図1参照)。

〈モチーフ〉

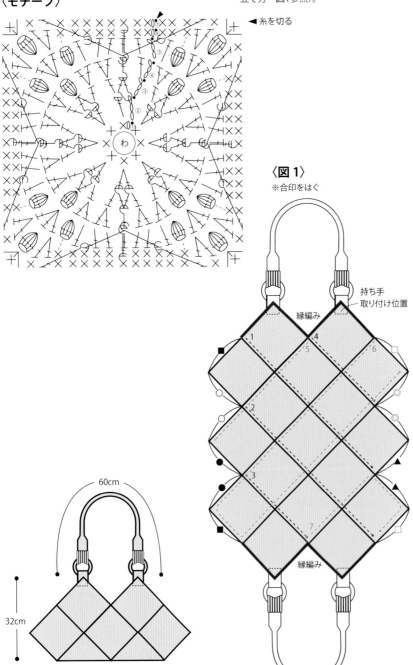

◀糸を切る

〈図1〉
※合印をはぐ

縁編み
持ち手取り付け位置
1 4 5 6
2
3
7
縁編み

〈持ち手〉(2枚)

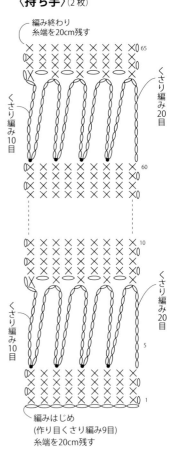

編み終わり
糸端を20cm残す
65
くさり編み20目
くさり編み10目
くさり編み20目
60
10
くさり編み20目
くさり編み10目
5
1
編みはじめ
(作り目くさり編み9目)
糸端を20cm残す

60cm
32cm
44cm

〈ウッドリング取り付けパーツ〉(4枚)

編み終わり
糸端を20cm残す

12
10
5
1

編みはじめ
(作り目くさり編み7目)

〈持ち手とパーツの組み立て方〉

16段

持ち手
裏

内側に2回折り込み
中央を巻きかがりで
縫い付ける

12段
4段

4段

ウッドリング
ウッドリング
取り付けパーツ

6段
6段

〈つなぎ方と縁編み〉

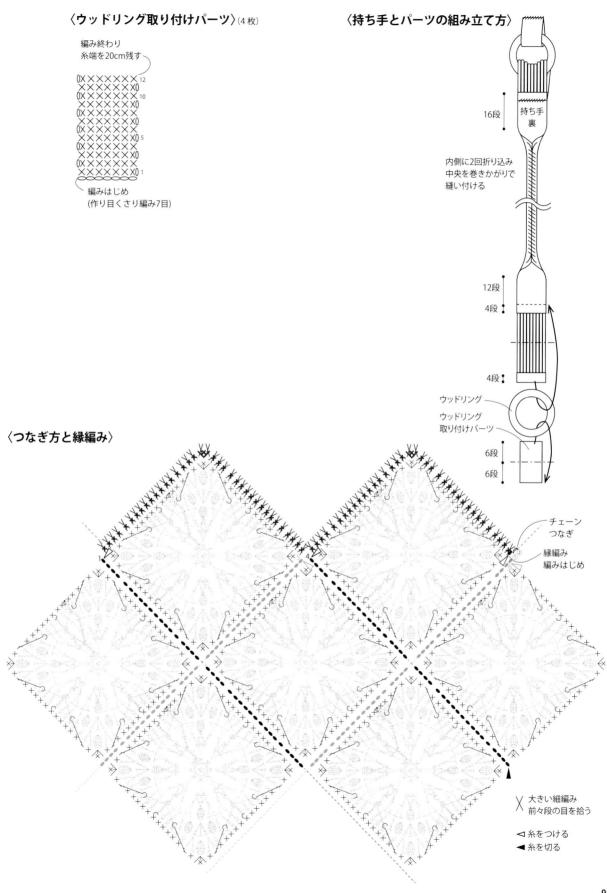

チェーン
つなぎ

縁編み
編みはじめ

大きい細編み
前々段の目を拾う

◁ 糸をつける
◀ 糸を切る

motif.38 花モチーフのバブーシュ

P.76

a

b

[使用糸] a:ハマナカ ウオッシュコットン 若草色(37)
　　　　　60g、水色(26)15g
　　　　　リッチモア サスペンス シルバー(1) 8g
　　　　　b:ハマナカ ウオッシュコットン 紫(41)60g、
　　　　　薄紫(32)15g
　　　　　リッチモア サスペンス ピンク(16) 8g
[使用針] かぎ針4/0号、とじ針
[その他] 室内履き用 フェルト底(H204-630)
[サイズ] 24.5cm

[作り方]
＊モチーフの花びら部分のみ2本取りで編む。
①モチーフを2枚編む。ウオッシュコットン(26or32)で、
　モチーフの土台を編む。花びら(サスペンス)は、糸
　がからまないようにあらかじめ4gを別に取り、糸
　玉の糸と合わせて、糸2本取りでモチーフ土台の2
　段目に編む。編み終えたら、全ての糸処理を終わら
　せておく。
②本体を編む。途中(4カ所)でモチーフを編み込みな
　がら、編み図のとおりに18段目まで編み、糸処理を
　する。19段目で編み地とフェルト底をとじ合わせる。
③同じようにもう一足編む。

〈モチーフ土台〉a:(26)、b:(32)

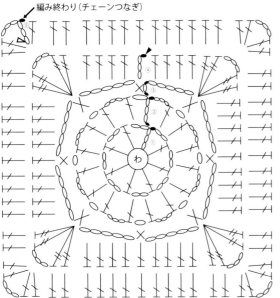

編み終わり(チェーンつなぎ)

◁ 糸をつける
◀ 糸を切る

＊土台の2段目に花びらを編みつける

〈花びら〉(2本取り)a:(1)、b:(16)

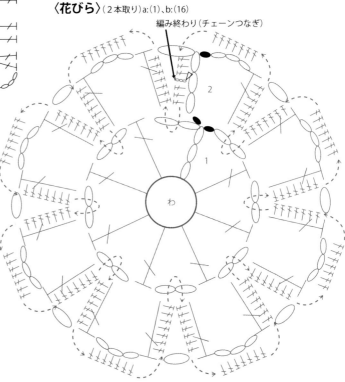

編み終わり(チェーンつなぎ)

←--- 矢印の先を続けて編む　　◁ 糸をつける

〈本体〉
a:(37)、b:(41)

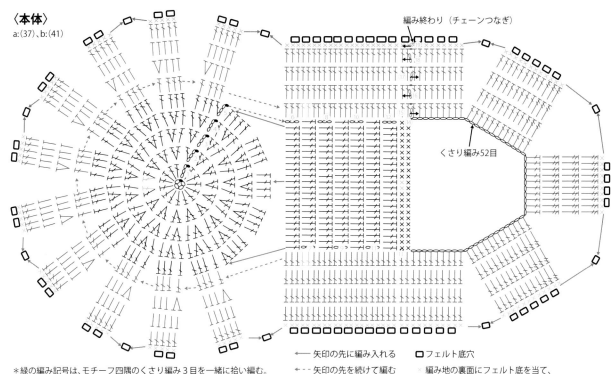

編み終わり（チェーンつなぎ）

くさり編み52目

＊緑の編み記号は、モチーフ四隅のくさり編み3目を一緒に拾い編む。
＊15段目以降の立ち上がりは、1目と数えない。
＊15段目、前段のくさり編みの長編みは、裏山を拾い編む。
＊19段目を編む前に全ての糸処理を済ませておく。

⟵ 矢印の先に編み入れる
⟵-- 矢印の先を続けて編む

▢ フェルト底穴

× 編み地の裏面にフェルト底を当て、
　前段とフェルト底の穴を拾い編む。フェルト底の
　穴1つに細編みを2目編み入れる。

motif.13　カラフルグラニーバッグ　　P.77

[使用糸] リッチモア パーセント 白(95)115g、
　　　　 クリーム(2)12g、濃ピンク(65)12g、
　　　　 グリーン(17)10g、薄紫(59)10g、
　　　　 青緑(34)10g、金茶(7)10g、グレー(121)8g、
　　　　 薄ピンク(69)8g
[使用針] かぎ針5/0号、とじ針
[サイズ] 図参照

[作り方]
①モチーフAを46枚、三角(半分)モチーフBを2枚編む。
②図1(P.102)のように配置し、くさり編みでつなげる。
③本体から目を拾い、バッグ口を2カ所編む(P.103バッ
　グ口の縁編み参照)。
④本体、バッグ口から目を拾い、持ち手を編む(P.103
　持ち手の編み方参照)。

〈モチーフA〉

◁ 糸をつける
◀ 糸を切る

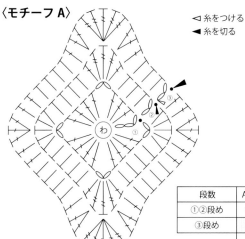

〈モチーフB〉

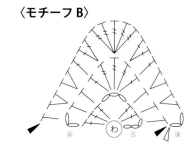

段数	A配色	B配色
①②段め	(95)	(95)
③段め	(2)	(65)
	1枚	1枚

段数	A配色	B配色	C配色	D配色	E配色	F配色	G配色	H配色
①②段め	(95)	(95)	(95)	(95)	(95)	(95)	(95)	(95)
③段め	(2)	(65)	(69)	(17)	(59)	(34)	(7)	(121)
	6枚	6枚	5枚	6枚	6枚	6枚	6枚	5枚

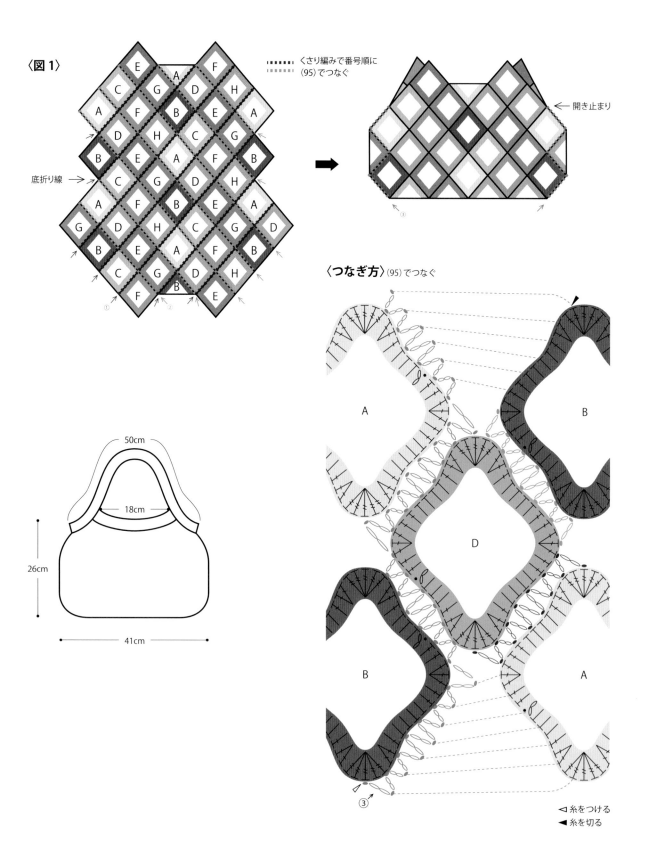

〈図1〉

:::::: くさり編みで番号順に
:::::: (95) でつなぐ

← 開き止まり

底折り線 →

③

〈つなぎ方〉(95) でつなぐ

A

B

D

B

A

③

◁ 糸をつける
◀ 糸を切る

50cm

18cm

26cm

41cm

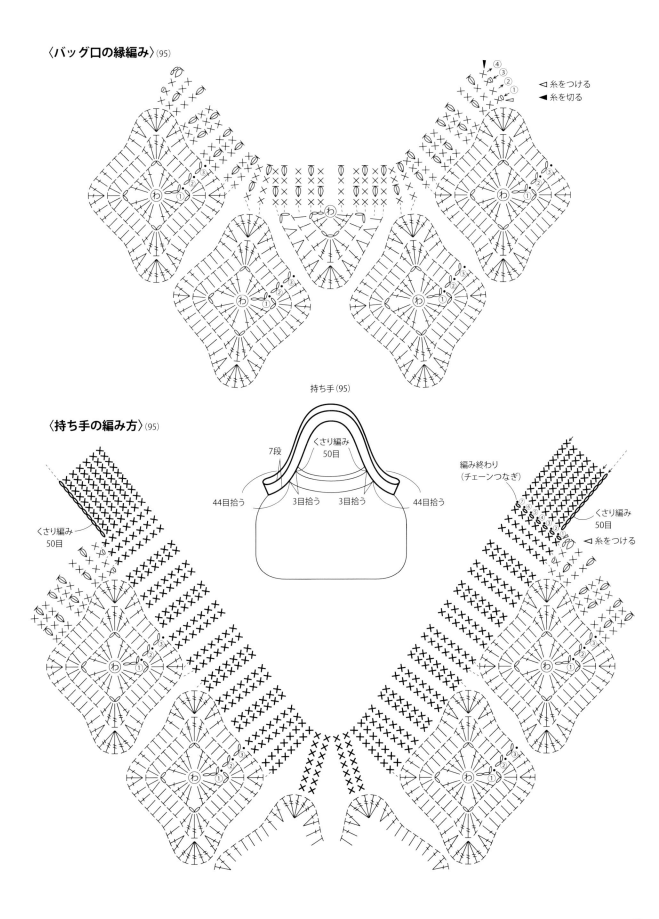

〈バッグ口の縁編み〉(95)

◁ 糸をつける
◀ 糸を切る

持ち手(95)

〈持ち手の編み方〉(95)

くさり編み
50目

7段
くさり編み
50目

44目拾う　3目拾う　3目拾う　44目拾う

編み終わり
（チェーンつなぎ）
くさり編み
50目
◁ 糸をつける

motif.40 小さな巾着袋　　　　　　　P.78

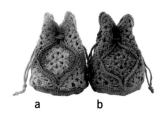

a　　b

[使用糸] a:ハマナカ アメリーエフ《合太》赤紫(525)
2g、ベージュ(520)4g、青緑(515)9g
アメリーエフ《ラメ》グレー(611)4g
b:アメリーエフ《ラメ》グレー(611)21g
[使用針] かぎ針4/0号、とじ針
[サイズ] 図参照

[作り方]
①モチーフA、B、Cを各4枚ずつ編む。
②モチーフ同士を外表に合わせ、グレー糸を使い①
〜④の順に細編みで編みつなぐ(つなぎ方・図1参
照)。
③本体から目を拾い、底側に細編みを1段編む。
④わの作り目で編み始め、長編みで底を編む。
⑤本体と底を中表に合わせ、細編みではぎ合わせる(本
体と底の合わせ方参照)。
⑥ひもを2本編み、指定位置に通して端をひと結び
する(仕上げ方参照)。

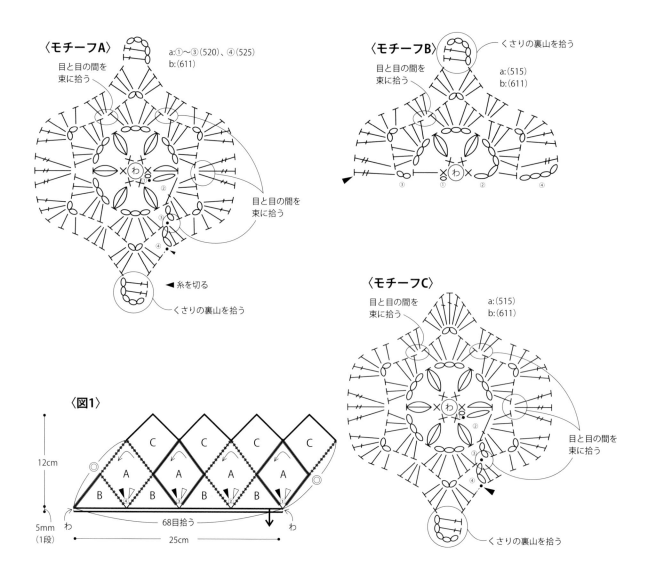

〈モチーフA〉
a:①〜③(520)、④(525)
b:(611)
目と目の間を
束に拾う
目と目の間を
束に拾う
◀糸を切る
くさりの裏山を拾う

〈モチーフB〉
くさりの裏山を拾う
a:(515)
b:(611)
目と目の間を
束に拾う

〈モチーフC〉
目と目の間を
束に拾う
a:(515)
b:(611)
目と目の間を
束に拾う
くさりの裏山を拾う

〈図1〉
12cm
5mm
(1段)
わ
68目拾う
わ
25cm
C C C C
A A A A
B B B B

104

〈つなぎ方〉(616)でつなぐ

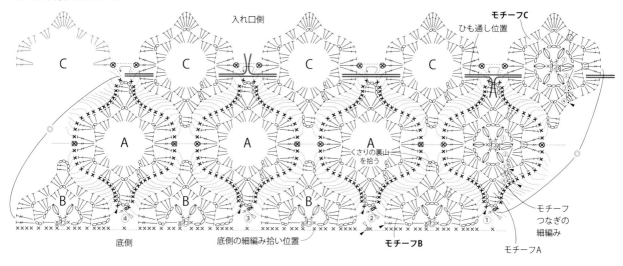

入れ口側

モチーフC

ひも通し位置

くさりの裏山
を拾う

モチーフ
つなぎの
細編み

底側

底側の細編み拾い位置

モチーフB

モチーフA

◁ 糸をつける   ⊗ 長々編み(モチーフ1枚)のみを拾って細編み

◀ 糸を切る   ⊠ 長々編みと向かい合う細編みを
一緒に拾って細編み

〈本体と底の合わせ方〉(616)

本体と底を中表に合わせ、
本体底側の細編みと底の最終段を一緒に拾い、
細編みはぎで合わせる。

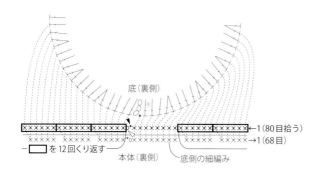

底(裏側)

←1(80目拾う)
→1(68目)

□ を12回くり返す   本体(裏側)

底側の細編み

〈底〉(616)

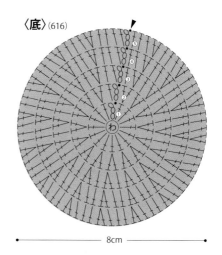

8cm

段	目数	増減
⑤	80目	
④	64目	毎段16目増
③	48目	
②	32目	
①	わの中に立ち上がりくさり編み	
	3目と長編み15目編み入れる	

〈仕上げ方〉

ひもを通し、先をひと結びする

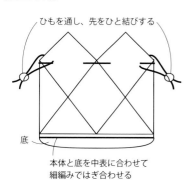

底

本体と底を中表に合わせて
細編みではぎ合わせる

〈ひも〉(2本)a:(515)、b:(611)

34cm (くさり編み100目)

motif.26 小さなピンクッション

P.79

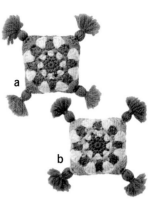

[使用糸] a:リッチモア パーセント 青緑(34)4g、
オレンジ(86)6g、生成り(1)3g
b: リッチモア パーセント薄紫(56)4g、
紫(52)6g、生成り(1)3g
[使用針] かぎ針5/0号、とじ針
[その他] 手芸綿4g
[サイズ] 6.5×6.5cm

[作り方]
①a、b各モチーフを2枚編む。
②2枚のモチーフを外表に合わせ、手芸綿を詰めなが
ら最終段を巻きかがりする。
③タッセルを4個作る。
④本体の四隅にタッセルを取り付ける。

〈モチーフ a〉(2枚)

〈モチーフ b〉(2枚)

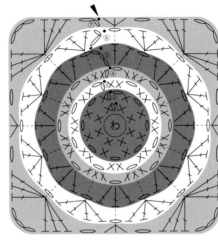

◀ 糸を切る

∨ = ∨ 細編み3目
編み入れる

段数	a配色	b配色
①②⑤段め	(86)	(52)
③⑥段め	(1)	(1)
④⑦段め	(34)	(56)
タッセル	(86)	(52)

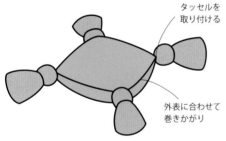

タッセルを
取り付ける

外表に合わせて
巻きかがり

〈タッセルの作り方〉(4個)

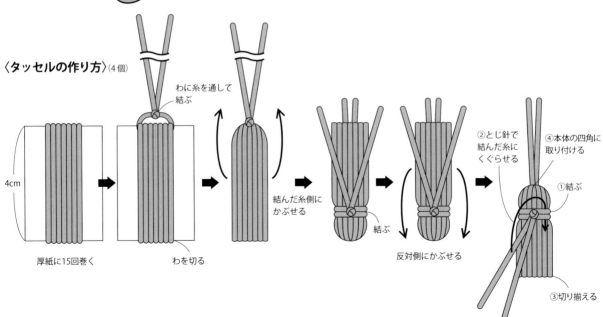

わに糸を通して
結ぶ

4cm

厚紙に15回巻く

わを切る

結んだ糸側に
かぶせる

結ぶ

反対側にかぶせる

②とじ針で
結んだ糸に
くぐらせる

④本体の四角に
取り付ける

①結ぶ

③切り揃える

[使用糸] ハマナカ エクシードウールL《並太》ピンク
（842）135g、紫（812）135g、ベージュ（804）
135g、青（854）80g、赤（835）80g
[使用針] かぎ針 7/0号、とじ針
[サイズ] 図参照

[作り方]
①モチーフを40枚編む。
②モチーフを図1のように配置し、中表に合わせて外
　側の半目同士を細編みではぎ合わせる（P.108つな
　ぎ方と縁編み参照）。
③襟と袖口を縁編みする（P.108つなぎ方と縁編み参
　照）。

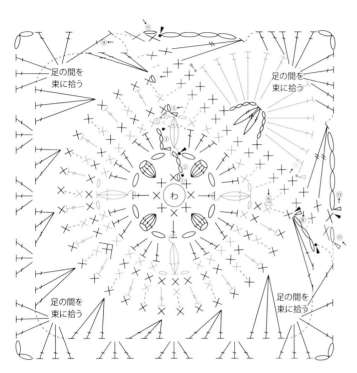

段数	配色
①②④段め	(804)
③⑤⑥⑦段め	(812)
⑧⑨段め	(842)
⑩⑪⑬段め	(854)
⑫段め	(835)

足の間を束に拾う

―― 矢印の方向に編む

◁ 糸をつける

◀ 糸を切る

つなぎ糸色

	配色
1,5,8,11,13,15	(842)
2,3,4,6,7,910,12,14	(854)

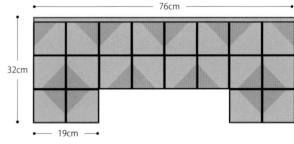

〈図1〉※合印をつなぐ

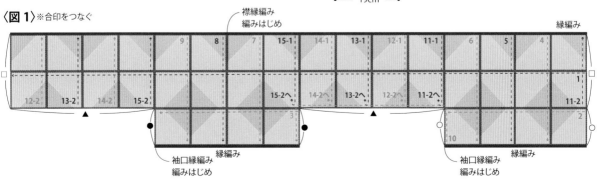

襟縁編み
編みはじめ

縁編み

袖口縁編み
編みはじめ

縁編み

袖口縁編み
編みはじめ

縁編み

〈つなぎ方と縁編み〉　縁編み糸色
　　　　　　　　　　——（835）
　　　　　　　　　　——（804）

チェーンつなぎ

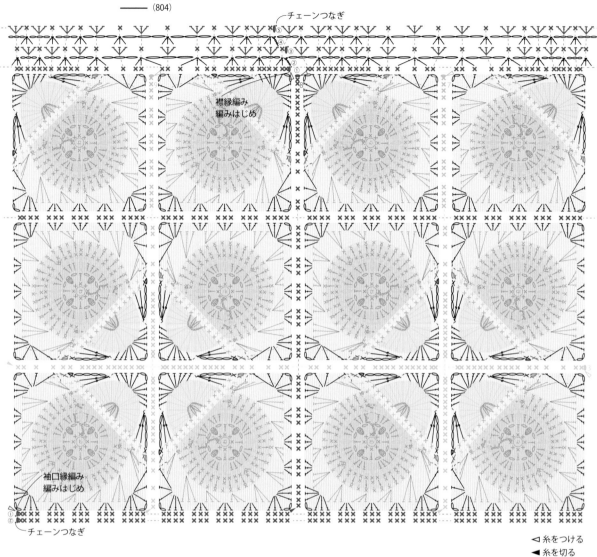

襟縁編み
編みはじめ

袖口縁編み
編みはじめ

チェーンつなぎ

◁ 糸をつける
◀ 糸を切る

motif.14 四角いモチーフのスヌード P.81

[使用糸] ハマナカ ソノモノ ロイヤルアルパカ
ライトグレー(144)80g、
ハマナカ アメリー グリーン(54)30g、
グレイッシュイエロー(1)30g
[使用針] かぎ針7/0号、とじ針
[サイズ] 図参照

[作り方]
*ソノモノ ロイヤルアルパカは2本取りで、アメリー
は1本取りで編む。
①モチーフを26枚編む。
②図1のように配置し、ロイヤルアルパカ(1本取り)
でくさり編みで合わせる(つなぎ方参照)。

〈モチーフ〉

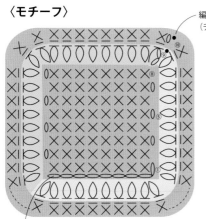

編み終わり
(チェーンつなぎ)

編みはじめ(くさり編み8目)

段数	配色
①〜⑧段め	(144)
⑨段め前半	(54)
⑨段め後半	(1)
⑩段め	(144)

ソノモノ ロイヤルアルパカ(2本取り)
アメリー(1本取り)

(144)でさり編みで番号順に編みつなぐ

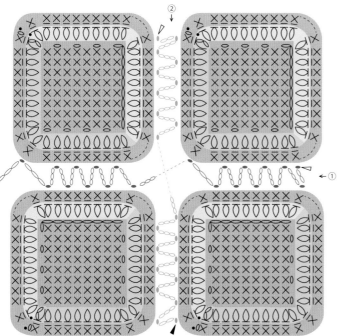

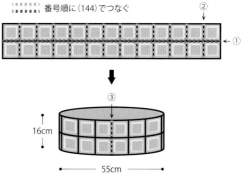

番号順に(144)でつなぐ

16cm
55cm

◁ 糸をつける
◀ 糸を切る

[使用糸] ハマナカ エコアンダリヤ ネイビー(57)
130g、ハマナカ ウオッシュコットン
《クロッシェ》ピンク(146) 15g
[使用針] かぎ針 6/0号、とじ針
[その他] 竹ハンドル(幅:約21cm 高さ:約11cm) 1本
ネジ式Dカン(シルバー、内寸約1.8cm・
線径約3.5mm) 2個、ナスカン(シルバー/
約2.2cm(内寸:1.6cm)・4.5cm) 2個
[サイズ] 図参照

[作り方]
＊巻きかがりは、2本取り。ショルダーひもは、2本取り
で編む。
①エコアンダリヤでモチーフAを2枚、モチーフBを1
枚編む。
②つなぎ方のとおりに、エコアンダリヤ2本取りで巻
きかがる。
③ショルダーひもを編む。ウオッシュコットン《クロッ
シェ》を2本取りで、編み図①②のとおりに編む。
④ショルダーひもにナスカンを付ける(ナスカンの通
し方参照)。
⑤ネジ式Dカンを通し穴に通し、竹ハンドルを本体に
取り付け、ショルダー紐をネジ式Dカンに付ける。

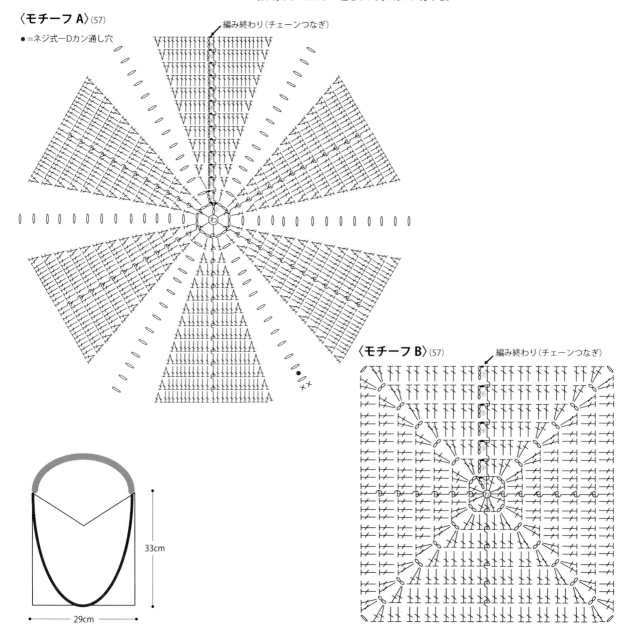

〈モチーフ A〉(57)

●=ネジ式－Dカン通し穴

編み終わり(チェーンつなぎ)

〈モチーフ B〉(57)

編み終わり(チェーンつなぎ)

33cm

29cm

〈**つなぎ方**〉＊エコアンダリヤ2本取りで、同じ色の目を外表・全目巻きかがりでつなぐ

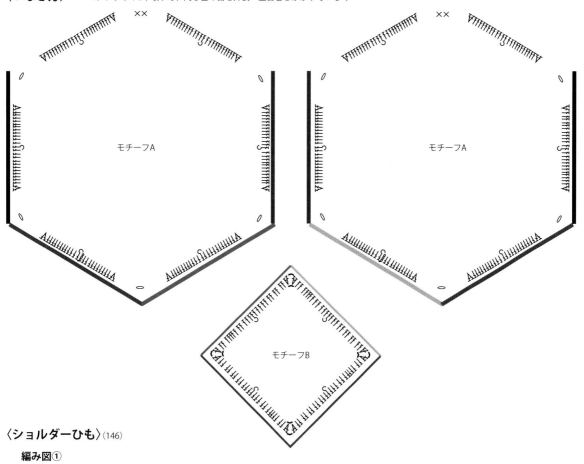

〈**ショルダーひも**〉(146)

編み図①

＊編み図①の2段目以降の長編みと最終段の三つ巻き長編みは
　前段階の目と目の間を拾い編む。

＊53段目（編み図①）まで編んだら、続けて縁（編み図②）を編む。

編み図②

編み終わり（チェーンつなぎ）

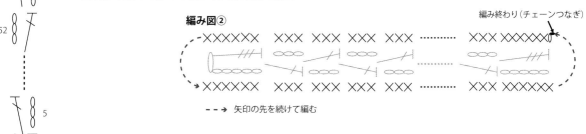

－ － → 矢印の先を続けて編む

〈**ナスカンの通し方**〉

①ナスカンにショルダーひもを通
す。

②①のループにショルダーひもを
通す。

③ループを引き絞る。反対側も同
様にナスカンを通す。

編みはじめ
（作り目：くさり編み1目）

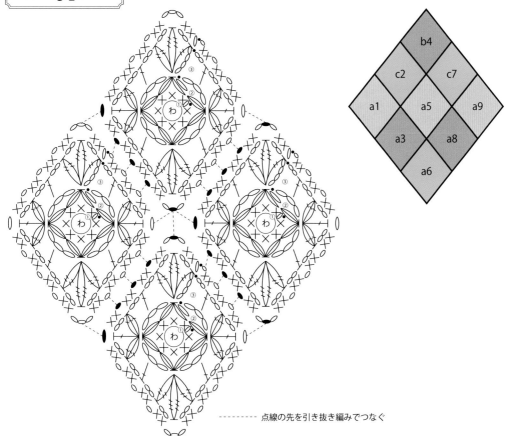

-------- 点線の先を引き抜き編みでつなぐ

motif **04** / P.9　番号順に編みながら、針を入れ替えてつなぐ
最終段は裏面を見て編むので、つなぐモチーフも裏面にしてつなぐ

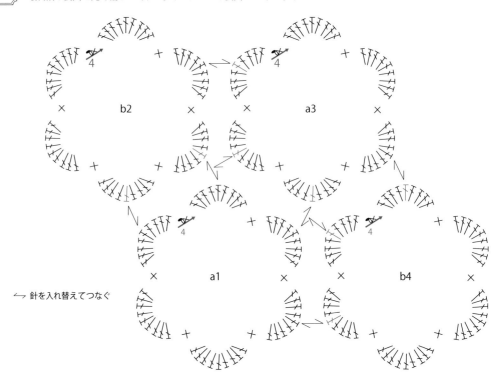

←→ 針を入れ替えてつなぐ

中表にして外側半目を細編みでつなぐ

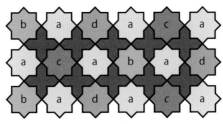

〈モチーフ7〉

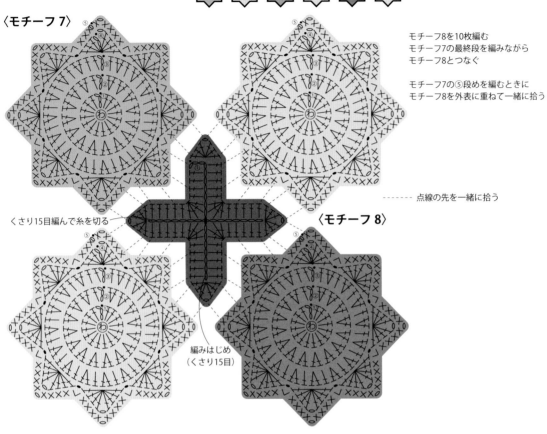

モチーフ8を10枚編む
モチーフ7の最終段を編みながら
モチーフ8とつなぐ

モチーフ7の⑤段めを編むときに
モチーフ8を外表に重ねて一緒に拾う

------ 点線の先を一緒に拾う

〈モチーフ8〉

くさり15目編んで糸を切る

編みはじめ
（くさり15目）

motif 10 / P.15

編みながら最終段を
引き抜き編みでつなぐ

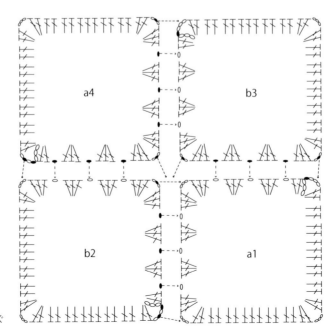

●----- 矢印の先を引き抜き編みでつなぐ

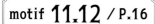

motif 11.12 / P.16

外表にして全目を引き抜き編みでつなぐ
＊配色は P.17参照

〈モチーフ 11〉

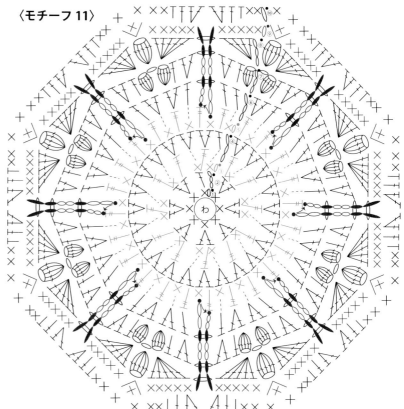

〈モチーフ 12〉

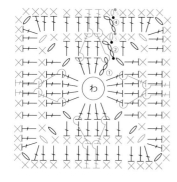

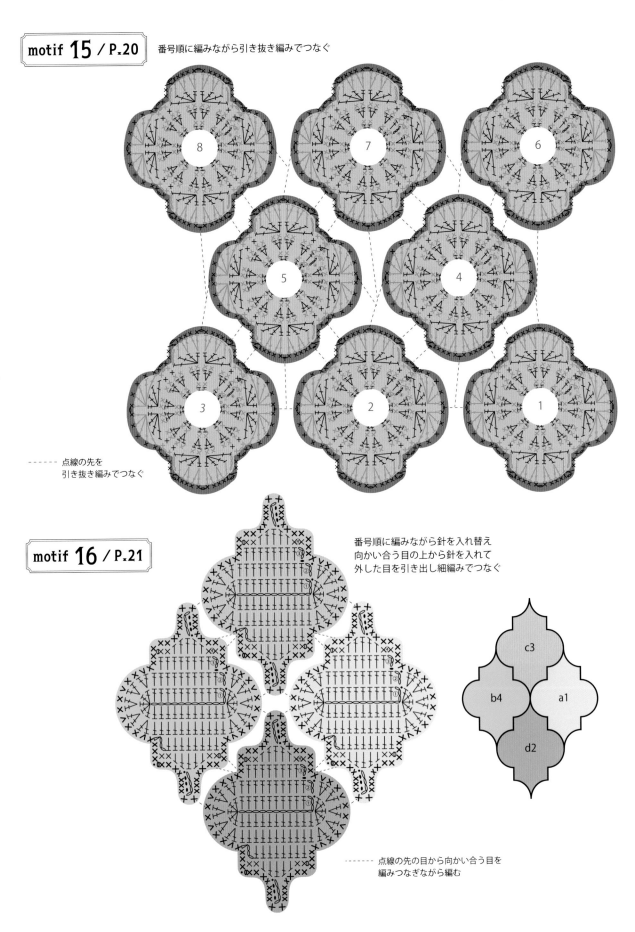

motif **15** / P.20 　番号順に編みながら引き抜き編みでつなぐ

8　7　6

5　4

3　2　1

------ 点線の先を
引き抜き編みでつなぐ

motif **16** / P.21 　番号順に編みながら針を入れ替え
向かい合う目の上から針を入れて
外した目を引き出し細編みでつなぐ

c3
b4　a1
d2

------ 点線の先の目から向かい合う目を
編みつなぎながら編む

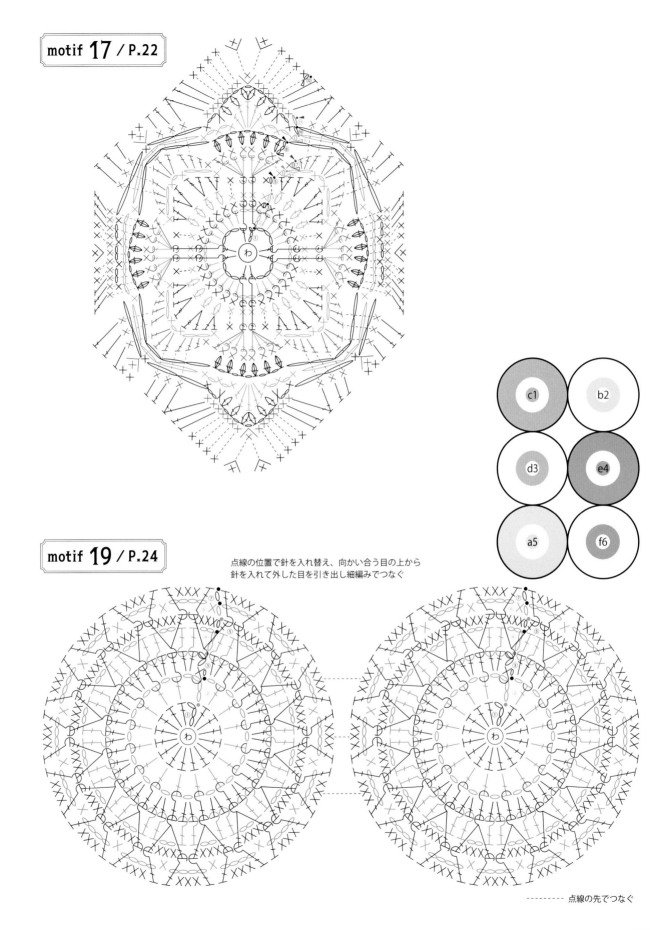

motif **17** / P.22

motif **19** / P.24

点線の位置で針を入れ替え、向かい合う目の上から
針を入れて外した目を引き出し細編みでつなぐ

c1　b2

d3　e4

a5　f6

-------- 点線の先でつなぐ

motif 24 / P.30

番号順に編みながら引き抜き編みと
針を入れ替えてつなぐ

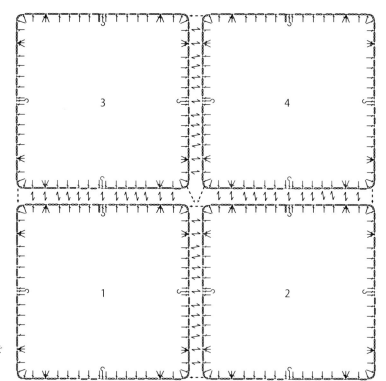

•----- 矢印の先を引き抜き編みでつなぐ

⟶ 針を入れ替えてつなぐ

motif 25 / P.31　番号順に編みながら、引き抜き編みでつなぐ

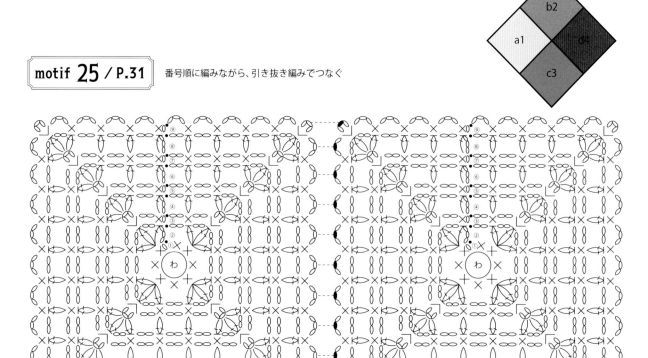

-------- 点線の先を引き抜き編みでつなぐ

番号順に編みながら引き抜き
編みでつなぐ

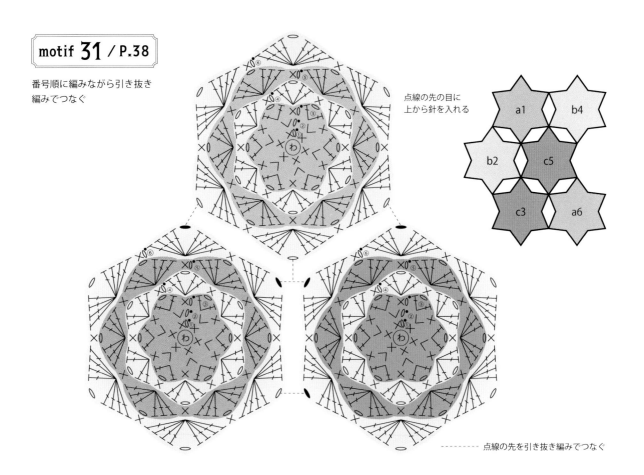

点線の先の目に
上から針を入れる

-------- 点線の先を引き抜き編みでつなぐ

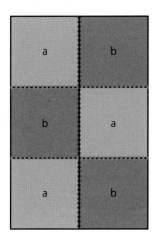

表同士をつき合わせて
内側半目を巻きかがる
∎∎∎∎∎∎∎ (112)でつなぐ
∙∙∙∙∙∙∙ (7)でつなぐ

中表にして外側半目を細編みでつなぐ

足の間を
束に拾う

足の間を
束に拾う

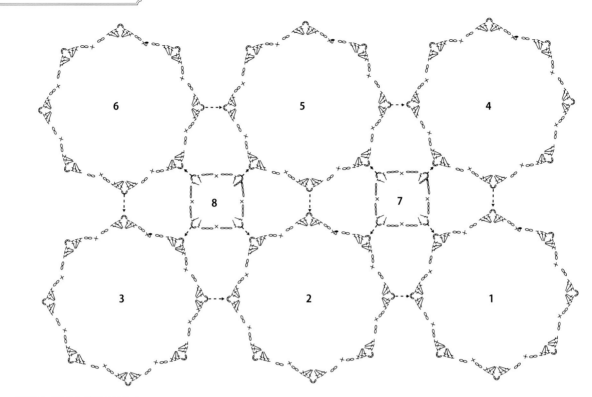

◆----　矢印の先を引き抜き編みでつなぐ

motif **43.44** / P.50　番号順に編みながら引き抜き編みでつなぐ

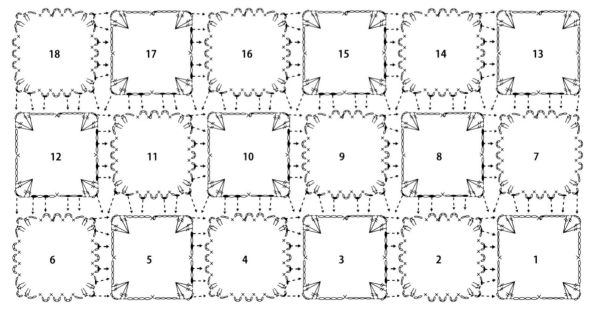

◆----　矢印の先を引き抜き編みでつなぐ

motif 45 / P.52　番号順に編みながら引き抜き編みでつなぐ

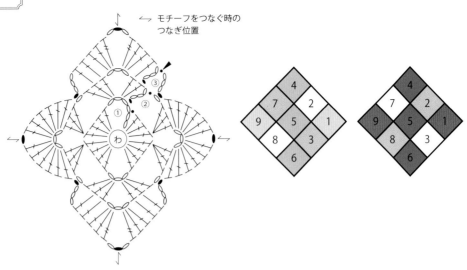

motif 46 / P.54　外表にして番号順に内側半目を細編みでつなぐ

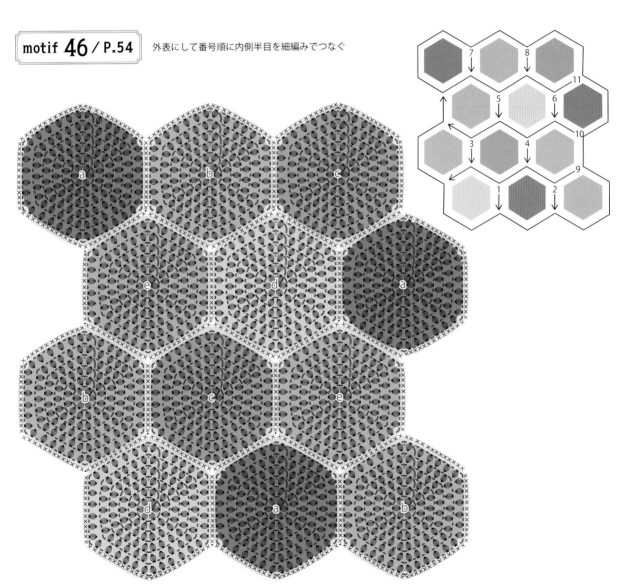

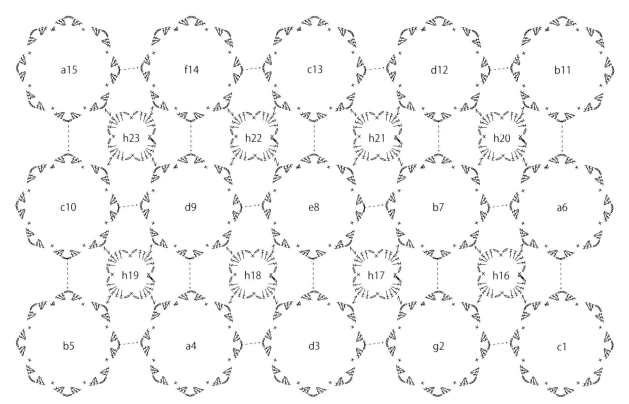

●----- 矢印の先を引き抜き編みでつなぐ
←--- 針を入れ替えてつなぐ

motif **49** / P.60　外表にして全目を引き抜き編みでつなぐ

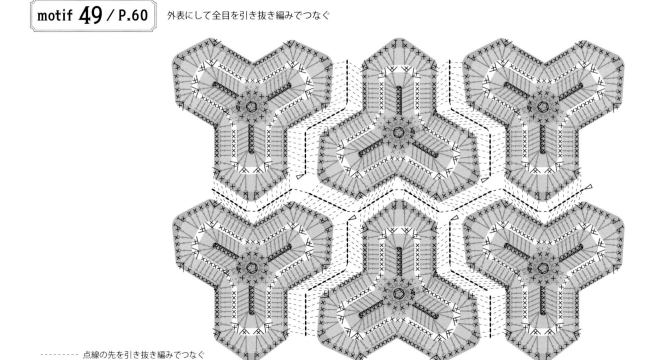

-------- 点線の先を引き抜き編みでつなぐ

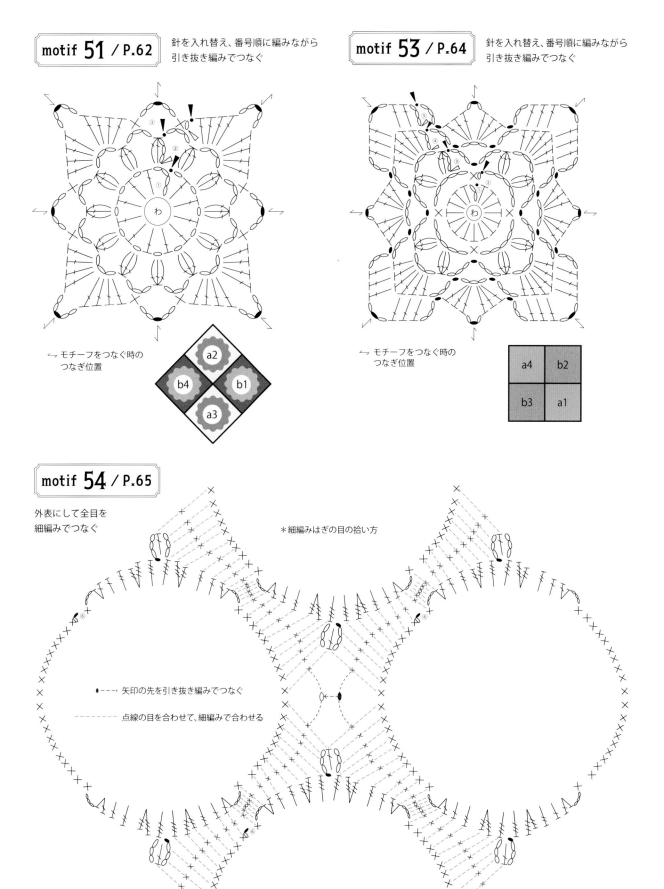

針を入れ替え、番号順に編みながら
引き抜き編みでつなぐ

針を入れ替え、番号順に編みながら
引き抜き編みでつなぐ

← モチーフをつなぐ時の
　つなぎ位置

a2	b1
b4	a3

← モチーフをつなぐ時の
　つなぎ位置

a4	b2
b3	a1

外表にして全目を
細編みでつなぐ

＊細編みはぎの目の拾い方

●---→ 矢印の先を引き抜き編みでつなぐ

------- 点線の目を合わせて、細編みで合わせる

編み目記号表　本書で使用している主な編み目記号です。

引き抜き編み
前段の目にかぎ針を入れ、糸をかけ引き抜く。

 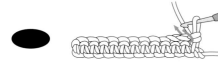 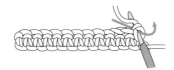 

くさり編み
かぎ針に糸を巻き付け、糸をかけ引き抜く。

細編み
立ち上がりのくさり1目は目数に入れず、上半目に針を入れ糸を引き出し、糸をかけ2ループを引き抜く。

    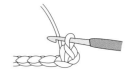

立ち上がり1目　　　上半目に針を入れる。

長編み
かぎ針に糸をかけ引き出し、さらに糸をかけ2ループ引き抜くを2回繰り返す。

1回巻く

    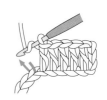

台の目　　立ち上がり3目

中長編み
かぎ針に糸をかけ引き出し、さらに糸をかけ3ループを一度に引き抜く。

1回巻く

台の目　　立ち上がり2目

長々編み
かぎ針に2回糸をかけ1本引き出し、さらに1回糸をかけ2ループ引き抜くを3回繰り返す。

2回巻く　　　　　　　　　　　1　　　　　　2　　　　　　3

三つ巻き長編み

かぎ針に3回糸をかけ1目引き出し、さらに糸をかけ2ループ引き抜くを4回繰り返す。

   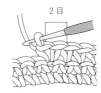

細編み2目編み入れる

同じ目に細編み2目を編み入れる。

   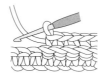

細編みの裏引き上げ編み

前段の目の足を裏からすくい、細編みを編む。

長編み3目編み入れる

同じ目に長編み3目を編み入れる。

長編み2目編み入れる

同じ目に長編み2目を編み入れる。

長編み2目一度

矢印の位置に未完成の長編みを2目編み、糸をかけ一度に引き抜く。

長編みの表引き上げ編み

前段の目の足を手前からすくい、長編みを編む。

 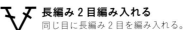

長編みの裏引き上げ編み
前段の目の足を裏からすくい、長編みを編む。

長編み3目の玉編み
同じ目に未完成の長編み3目を編み、糸をかけ4ループを一度に引き抜く。

中長編み3目の玉編み
同じ目に未完成の中長編み3目を編み入れ糸をかけ一度に引き抜く。

中長編み2目の玉編み
同じ目に未完成の中長編み2目を編み入れ糸をかけ一度に引き抜く。

    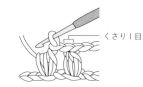

長編み5目のパプコーン編み
同じ目に長編み5目を編み入れたら一度かぎ針をはずす。※矢印のように針を入れ直し、引き抜く。くさり編みを1目編む。

   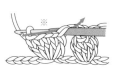  

チェーンつなぎ
編み終わりの目の糸を引き出し、とじ針で編みはじめの目に通す。編み終わりの目へ戻し裏で糸の始末をする。

巻きかがりで4枚つなげる場合（外表／半目）

①編み地の表面を上にしてつき合わせ、手前と向こう側の角の目にとじ針を入れ、内側の半目をすくい1目ずつ巻きかがる。

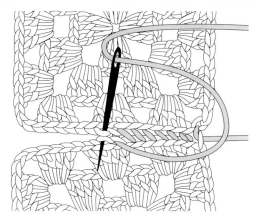

②2枚目の角の目をすくい、①の要領ではぎ合わせる。

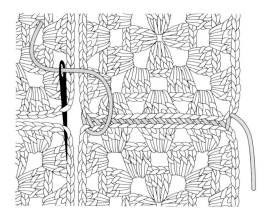

③1枚目と2枚目の間は斜めに糸を渡す。

④1枚目は①②の要領ではぎ合わせる。角は③と同じ目をすくう。

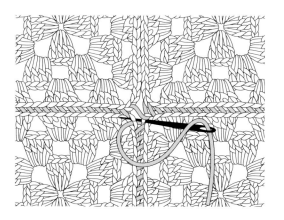

⑤つなぎ合わせた表側は角をクロスに渡す。

ザ・ハレーションズ
編集担当の武智美恵とデザイン・イラスト担当の伊藤智代美からなる創作ユニット。出版を中心に色に特化した作品作りで活動中。著書に『かぎ針編みのモチーフ 色づかいと配色の見本帖』(誠文堂新光社刊)、『かぎ針で編む モチーフデザインBOOK』『伝統的な色使いから学ぶ 世界の配色見本帳』(ともに日本文芸社刊)などがある。
https://www.facebook.com/halations/

企画・制作	ザ・ハレーションズ	作品製作	飯淵典子
	武智美恵(編集)		飯淵 操
	伊藤智代美(デザイン)		小鳥山いん子
撮影	島根道昌		高際有希
	天野憲仁		武智美恵
校正	ミドリノクマ		blanco
	Riko リボン (作品)		ミドリノクマ
			Riko リボン

素材提供　ハマナカ株式会社
　　　　　京都市右京区花園薮ノ下町2番地の3
　　　　　FAX 075-463-5159
　　　　　ハマナカコーポレートサイト hamanaka.co.jp
　　　　　メールアドレス info@hamanaka.co.jp

かぎ針で編む

モロッカンデザインの
モチーフアイデアBOOK

2023年1月1日　第1刷発行

編　者　ザ・ハレーションズ
発行者　吉田芳史
印刷所　株式会社 光邦
製本所　株式会社 光邦
発行所　株式会社 日本文芸社
　　　　〒100-0003　東京都千代田区一ツ橋1-1-1 パレスサイドビル8F
　　　　TEL.03-5224-6460(代表)

Printed in Japan 112221214-112221214 Ⓝ 01(201101)
ISBN978-4-537-22061-2
URL https://www.nihonbungeisha.co.jp/
ⒸThe Halations 2023
(編集担当　牧野)

印刷物のため、作品の色は実際と違って見えることがあります。ご了承ください。本書の一部または全部をホームページに掲載したり、本書に掲載された作品を複製して店頭やネットショップなどで無断で販売することは、著作権法で禁じられています。

乱丁・落丁本などの不良品がありましたら、小社製作部宛にお送りください。送料小社負担にておとりかえいたします。法律で認められた場合を除いて、本書からの複写・転載(電子化を含む)は禁じられています。また、代行業者等の第三者による電子データ化および電子書籍化は、いかなる場合も認められていません。

内容に関するお問い合わせは
小社ウェブサイトお問い合わせフォームまでお願いいたします。
ウェブサイト https://www.nihonbungeisha.co.jp/